JN090508

大学マネジメント論

小方直幸

（新訂）大学マネジメント論（'20）

©2020　小方直幸

装丁・ブックデザイン：畑中　猛

s-7

まえがき

　現在，高卒者の2人に1人が大学に進学する時代を迎えている。短期大学や専門学校，高等専門学校まで含めれば4人に3人が大学を含む高等教育機関で学んでいる。そのため，大学が広い意味での社会に及ぼす影響は，従来以上に大きなものとなっている。また，グローバル化が進展し国際競争が激化する中で，そこでの生き残りが模索される一方，環境や人口，疾病や紛争など，国民国家の枠を超えた世界的な課題への対応も求められている。さらに国内に目を向ければ，地域の活性化や地方の創生が，従来以上に重要な解決すべき懸案となっている。

　もちろん，大学のみで上述した諸課題に応えられるわけではない。しかし，大学の果たす役割あるいは今後果たすことが望まれる役割は着実に高まり，その射程は地域レベルから地球レベルまで，多面的・多層的に拡がっている。他方で，日本の大学進学者のほとんどを占める18歳人口は減少を続け，また経済成長の鈍化や高齢化の進展によって，大学への公財政支出の水準は厳しい状況が続いている。高まる期待と困難さを増す経営。この相矛盾する状況の併存が，現代の大学を捉えるキーワードといってもよい。大学マネジメントが重要さを増しているのも，この矛盾する状態の真っ只中に大学が置かれているからである。

　日本では，学士課程に加えて大学院レベルでも，大学マネジメントを学べる学部・研究科はまだ多くなく，科目レベルでの提供も十分とはいえない。そうした中でこの科目は，学士課程における科目として開講し，初学者にできるだけ大学マネジメントの基礎・基本を紹介することを心がけている。一方で，政府・行政や大学に籍を置く教職員にとっても，大学マネジメントは重要な課題となり，認識面だけでなく実践面からの

関心も高まっている。本科目は，そうした読者層も意識しながら全体構成や各章の内容を設定している。大学の社会的存在価値が高まるということは，その影響が大学に直接関わりのない領域にまで及ぶことを意味する。そのため，より多くの方が大学に関心を持ち，大学のことを知ってもらう意義が増している。

　ただし，ここでいう基礎・基本というのは，必ずしも平易さ・わかりやすさだけを指しているのではない。なぜなら，大学は教育・研究・サービス（社会貢献）といった複雑な機能を有していることに加え，国立・公立・私立といった設置者によってその基本的な成り立ちが異なっており，また公共性も有していることから政府との関係も小さくないからである。企業と類似点を有しながらも企業とは異なる点も多くあることから，ガバナンスや人事，財務といった経営を司る基本的な軸はもちろん，教育・研究・サービス（社会貢献）といった機能面からもマネジメントを捉えることが重要であり，その背景として大学をめぐる制度・政策・歴史の理解も欠かせない。

　本書の構成は，必ずしも最初から順に読み進めなければ理解できないものとはなっておらず，本書を手にされた方は，自身の関心のある事項から読み進めてもらってかまわない。ただし，大学というのは制度・組織上も機能上も複雑な構造を有し，最終的には本書で扱った事項を総合的に理解することなくしては，大学のマネジメントを考え，実践することはできない。独りでの学びがしんどくなれば，時には仲間を交えた学びも取り入れながら15章を完走し，大学マネジメントを考える，そして実践する1つのきっかけとしてもらえれば，執筆者一同の喜びである。

2019年11月

小方　直幸

目次

1 | 大学のマネジメントとは

小方　直幸

《目標＆ポイント》　社会環境の変容で，個別大学におけるマネジメントの重要性が従来以上に増している。大学は企業等とは異なる目的や機能を有する存在で，マネジメントのあり方も同様とはいえない。だがヒト，モノ，カネを活用して組織の目標を達成するという基本部分では共通している。大学のマネジメントとは何かを，環境のマネジメントと組織のマネジメントという2点から考え，かつ両者は矛盾する性格を有することを前提とした対応が必要なことを示す。

《キーワード》　環境のマネジメント，組織のマネジメント，矛盾と調整

1. 経営体としての大学とマネジメント

　大学は，学問的知識を生産し，伝達し，広く社会にも還元していく公共性を持った存在である。この多様かつ多元的な機能は，大学誕生時からのものでは必ずしもなく，長い年月をかけて形成され，国によって制度の構造も一様でない（第2章及び第3章を参照）。だが，一連の作業が基本的にヒトによって行われるという意味で，大学は企業と同様，ヒトによる結合体といってよい。このヒトによる活動には，個人が独自に活動する領域と，組織・チームとして活動する領域とがある。個人に任せた方が望ましいパフォーマンスが得られる場合もあれば，個人ではなし得ないパフォーマンスを得るために協働が必要な場合もあるからである。このヒトを雇用する，あるいは特定の機能を果たすために施設等を

維持・追加するには，そのための資金つまりカネが必要となる。この点でも大学は企業と同様に，ヒトとカネの結合体といってよい。

　伊丹・加護野（1989）はマネジメントについて，環境のマネジメントと組織のマネジメントという概念で整理し，かつ両者は矛盾するものと捉えている。その視点は，大学のマネジメントを考える上でも適用可能で，以下ではこの枠組みに依拠しつつ，大学のマネジメントを位置づけてみたい。図1-1は本章全体を貫く内容を概念図で示したものである。

（1）環境のマネジメント

　環境のマネジメントとは，個々の大学がその置かれた環境の下で自らの位置を認識し，選択・決定し，その実践を行うことである。大学は教育・研究・社会貢献という基本機能を共有しているが，個々の大学が置かれた環境は，設置者や歴史はもちろん，規模や立地等によっても一様ではない。大学の機能については政策レベルでも，2005年の「我が国の高等教育の将来像」答申で，①世界的研究・教育拠点，②高度専門職業人養成，③幅広い職業人養成，④総合的教養教育，⑤特定の専門的分野の教育・研究，⑥地域の生涯学習機会の拠点，⑦社会貢献機能の7つが示

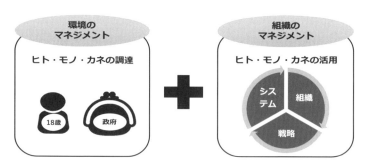

図1-1　大学経営をめぐる2つのマネジメント

され，国立大学については 2016 年から「世界トップ大学と伍す卓越した教育研究」「特色ある分野での教育研究」「地域のニーズに応える教育研究」の中から選択させ，重点支援を行う仕組みが導入されている。

　環境にはいくつかの市場が想定される。まずは，誰を相手に事業を行うかという顧客市場である。中でも最大の相手は学生である。どういう学生をどれだけ受け入れるかが課題であり，これは教育機会の市場に関わる領域といえる。他方で，育てた学生が卒業時に顧客である企業等にどれだけ受け入れられるかという点も重要で，これは卒業生の労働市場に関わる領域である。次に，資本市場である。政府や家計，企業や寄付者，金融機関からの借入など，資金調達の量や方法が主たる課題であるが，資金の運用という領域も含む。最後が雇用市場であり，どういう教職員をどれだけどのように雇用するかが課題となる。なお，これらの市場間の基本的な諸条件を決めているのが政府である。なぜなら政府は，法整備を通して各種の規制や緩和を行ったり，補助金政策を通して大学の経営を下支えしたり誘導したりするからである（第 4 章を参照）。

　理事長や学長は，こうした環境を踏まえて大学全体の舵取りを担う存在である。ただし，ある環境の下での選択・決定・実践は，学部・大学院などの各部門や部局でも行われ，部局長等が重要な舵取りを担う側面もある。学問分野によって，社会・経済・政治的な文脈が一様でなく，また個別の学問分野でしか判断が難しい事項も少なくないからである。

（2）　組織のマネジメント

　ヒトの集団である組織に働きかけ，組織のパフォーマンスの維持・向上を目指す，それが組織のマネジメントである。そのため，組織の目標達成に向けた，環境から取り込んだヒト，モノ，カネの活用に関わるあらゆる活動を含む。よってここでいう組織のマネジメントは，第 6 章で

扱う組織のマネジメントとは同義でなく，より広義な位置づけである。

　大学に限らず組織はヒトの集団で，トップは自らが目指す方向性を個人や集団に理解してもらい実行してもらうよう促す存在である。一方，個人や集団は，自らにとって望ましいと思えることとトップが示す方向性とを摺り合わせて活動する。そのため，組織のパフォーマンスを維持・向上するには，一人一人への配慮と同時に協働を促すことも重要となる。具体的な課題となるのが，誰に何をやってもらうかという業務や配置であり，さらに集団の雰囲気や組織文化への配慮も不可欠である。

　大学の特異性は，その機能の多様性・多元性で，しかも個人が複数の業務を担い，かつ個人の活動が持つ意味合いが大きい点である。典型的には研究活動がそうであり，また教育活動もゼミや研究室の運営は個人単位で行われる性格の強い活動である。しかし，研究活動も研究規模が大きくなれば共同研究が実施されるし，教育活動も学士課程教育や大学院教育は，組織単位での実践である。共同研究は組織を超えて行われることも多く，マネジメント上の難しさもあるが，教育，研究さらには社会貢献のいずれの活動も，個人の自律性を尊重した働きかけと，集団の目指す方向性を個人に理解してもらう働きかけのバランスが問われる。

　一般にマネジメントという用語は，管理や統御と訳されることが多い。しかし上で見たように，組織のマネジメントに必要なのは，管理や支配というよりはむしろ，個人の意欲や協働を生み出す諸条件の整備やその継続・発展である。経営者である学長や理事長の役割は，管理や支配ではない。人は自律的かつ協働して働きたい存在と位置づけるならば，それをうまく引き出すことが，組織のマネジメントの核心といえる。

2. 環境の変容と大学のマネジメント

　大学のマネジメントに対する環境の影響は多様だが，中でも大きいの

がヒトとカネの調達との関わり，つまり18歳人口と進学率，そして高等教育への公財政支出である。

（1）　18歳人口と進学率

　日本では，高校卒業後すぐに進学というシームレスな移行が行われるため，18歳人口の持つ意味は大きい（表1-1）。若年者の大学進学者が多いという点では，韓国やフランスも日本と類似しているが，オーストラリア，イギリス，ドイツやアメリカでは初回入学者の平均年齢が22〜23歳と高く，25歳未満比率も77〜84％と日本より低い水準にある。こうした長期に渡って形成され，変更が容易でないシステムもまた，それを前提としたマネジメントを要求する環境といえる。

　日本の大学のマネジメントを外部的に規定する18歳人口は，1990年初頭をピークに，長期的かつ恒常的な減少期を迎えている（図1-2）。通常，18歳人口が減れば大学入学者も減ると考えるかもしれない。だが1960年代半ばの第1次急減期，そして現在の長期的な第2次急減期のいずれも，大学入学者数は減っていない。規模の縮小は授業料収入の減少に直結し，それは教職員数や給与の減少にも繋がる。環境に応じれば組織のマネジメント上，規模縮小という選択肢はあるがそれは容易ではなく，個別大学は規模の維持あるいは拡大を目指そうとする。それは内部要因に関わるが，規模の維持を支えたのは進学率の上昇という外部要因の影響も大きかった。2度の人口急減期に，いずれも進学率は急上

表1-1　初回入学者の平均年齢と25歳未満比率（学士課程）

	日	韓	豪	英	独	仏	米
平均年齢（歳）	18	19	23	22	22	20	23
25歳未満比率（%）	95	98	77	84	81	–	–

出所：OECD『図表でみる教育』2016年版（仏と米は2014年版）

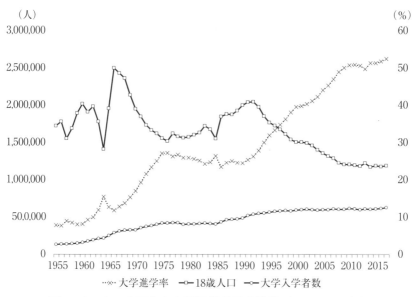

図1-2　人口の変化と大学進学状況の推移（1955-2017 年）

昇したからである。

　だが，今後も 18 歳人口の減少が見込まれる中で，この少なくなって
いく 18 歳人口というパイを奪い合う学生獲得競争は限界を迎えている。
それを下支えしてきた進学率の上昇も 2010 年以降は横ばいである。定
員割れ＝経営困難を必ずしも意味しないが，日本私立学校振興・共済事
業団によれば，2018 年現在で私立大学の 36％，210 校で定員割れが生
じている。

（2）　高等教育への公財政支出

　高等教育は義務教育ではないが，一定の公財政が支出されている（図
1-3）。それは高等教育が公共性を持つからである。これまで高等教育
への公財政支出で最大を占めてきたのが国立大学の運営費交付金である。

1970 年代初頭は全体の 8 割を占め，その後減少を続け法人化がその傾向に拍車をかけたが，現在も 6 割を占める。高等教育への公財政支出は伝統的に，進学者の量的変化に呼応する形で推移してきた。すなわち 1970 年代半ばまでの第 1 次拡大期に総支出は増え，その後の停滞期には水準を維持し，そして第 2 次拡大期には再び増大した。しかし第 2 次拡大期後半の 2000 年代に入ると停滞し，近年は縮小傾向にある。21 世紀に入り高等教育への公財政支出の構造は大きく変わり，停滞ないし縮減期を迎えている。

　それは，日本だけの特徴ではない。図 1-4 は高等教育支出の対 GDP 比の 20 年間の変化を見たもので，日本のそれは韓国やアメリカに比べれば低い水準だが，OECD 各国平均と大きな開きはない。ただし，さらに公財政支出と私費負担に分けると，私費負担の比率が大きい。これは機関数においても在学者数においても私学の占める割合が大きいこと

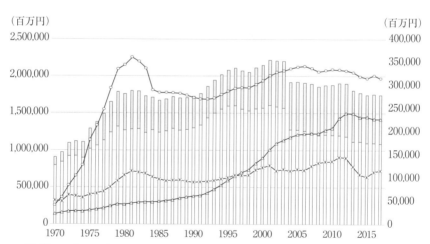

（左軸）　□□ 計*　　□□ うち運営費交付金（法人化以前は国立学校特別会計）
（右軸）　―○― 私立大学等経常費補助金　―▲― 科学研究費補助金　―×― 育英事業費
＊計とは，「国立大学への運営費交付金」に「私立大学等経常費補助金＋科学研究費補助金＋育英事業費」を加えた公財政支出の合計値です。

図 1-3　公財政支出の推移（1970-2017 年：2015 年価格に調整済み）

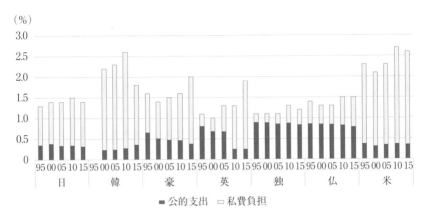

（％）

図1-4　対 GDP 比でみた OECD 諸国の高等教育支出

に依るもので，この20年間で大きな変化はない。この点をもって，日本は高等教育への公財政支出が少ないといわれることが多い。確かにドイツやフランスは日本と対照的で，公財政支出の水準も遙かに大きい。だが，オーストラリアやイギリスは，授業料徴収システムの変更や授業料自体の高騰を背景に近年，私費負担が大きく拡大し，日本以上に伸びている。

　このように，環境としてのヒトとカネの両面で，21世紀の高等教育は大きな転換点を迎えている。裏返せば，ヒトとりわけ学生の確保やカネつまり資金の調達に関わる環境のマネジメントが，従来以上に重要性を増していることを意味する。

3．組織の活性化と大学のマネジメント

　取り込んだヒト，モノ，カネを活用して組織の活性化を図る次元は，「誰が」「何を」「どのように」マネジメントするかという3点から捉えることができる。

（1）　誰が：経営組織

　「誰が」は，経営の組織に関わる次元であり，組織の構造や文化，意思決定のあり方等が関係する。組織の基本構造は国立，公立，私立という設置者で基本的に異なり，組織の文化も，当該機関が有する目的や機能等に応じて異なる。また，国立大学では法人の長＝学長で，公立大学も原則そうだが複数法人を所有できることから，理事長と学長を分けることができ，私立大学の場合は理事長と学長の関係はさらに多様である。国立大学における最終的な意思決定者は学長だが，私立大学では合議制機関としての理事会であるなど，意思決定の仕組みも一律ではない。

　加えて学長選考の仕組みも，国立大学は学内構成員の選挙を経て理事会や選考会議が決定する仕組みが多く採用されているが，公立大学や私立大学は理事会や選考会議のみが多い（文部科学省「平成27年度の大学における教育内容等における改革状況について」）。学部・研究科長の選考方法も，国立大学は学内選挙を経て学長が決定する仕組みを多く採用しているが，公立大学では学内選挙は行わず学長が決定する仕組みの方が多く，私立大学も学内選挙を行わず学長や理事会が決めるケースが多い（同調査）。

　このように経営組織の様相は設置者に加えて個別機関でも異なり，どの仕組みが望ましいかは一意的には決まらない。さらに管理，教育，研究といった機能別の組織のあり方も一様でなく，各大学で様々な工夫が試みられている。これらの詳細は第5章と第6章で扱う。

（2）　何を：経営戦略

　「何を」は，経営の戦略に関わる次元である。戦略の決定は環境のマネジメントでもあるが，それが構成員に的確に伝わり，内在化され，共鳴されなくては，組織は目標を達成することができない。国立大学法人

においては文部科学大臣が，公立大学法人においては設立団体の長（知事等）が，各法人の基本理念や目標を実現する上で達成すべき中期目標を策定し，各法人は中期目標を実現するための具体的な計画を中期計画として作成し，業務を遂行している。私立大学の場合これらは義務化されていないが，中期計画を立てる大学が増えつつある。

　こうした基本枠組みの下で，大学の特徴や機能に応じた戦略が構築される。例えば国立大学の場合，中期目標・中期計画で大学の理念をまずは述べ，教育に関する目標，研究に関する目標，社会との連携や社会貢献及び地域を指向した教育・研究に関する目標，その他の目標として例えばグローバル化に関する目標や，付属病院や付属学校がある場合にはそれに関する目標を掲げている。これらは，組織のマネジメントに閉じたものではなく，環境のマネジメントとも関係が深いが，教育のマネジメントは第11章，研究のマネジメントは第12章，大学の地域・社会連携は第15章で，また学生の募集や学生支援のマネジメントは第13章，国際化のマネジメントは第14章でそれぞれ扱うことにしている。

（3）　どのように：経営システム

　「どのように」は，経営システムに関わる次元で，人的資源管理（第7章），財務管理（第8章）や施設の管理（第9章）が該当するが，中でも基本となるのが，人的資源管理と財務管理である。

　個々の大学は，公財政支出の抑制という厳しい財政状況の下で，多様な自主財源の確保を通じた教育研究活動の質向上を模索している。財務管理の基本をなすのが財務諸表で，国立大学は国立大学法人会計基準，公立大学法人は地方独立行政法人会計基準，私立大学は学校法人会計基準にそれぞれ依拠し作成している。財務管理とは詰まるところ収入と支出のバランスにほかならない。収入の基本は国等からの補助金や学生納

付金で，後者は私立大学にとっては最大の収入源，国立大学や公立大学にとっても重要な自己資金源である。収入は環境のマネジメント的要素が強いが，支出は組織のマネジメントと関わりが深く，中でも大きな割合を占める人件費の管理は重要な課題である。また，教育・研究の基盤や各種の機能を維持するための物件費も，財務管理の鍵を握る。

　大学の基本活動が教育・研究にあることを考えれば，それを担う教職員が大学経営上の最大の資源といっても間違いではない。加えて経費上も人件費の占める比率は大きく，この二重の意味で，人的資源管理は大学のマネジメントにおいて大きな位置を占める。人的資源管理にはいくつかのディメンジョンがある。採用・異動・昇進というキャリアに関わる領域，それを支えまた動機づけともなる給与や人事考課といった処遇・評価に関わる領域，そして業務あるいは業務外を通じた育成・研修に関わる領域である。学校教育法上，大学には学長，教授，准教授，助教，助手及び事務職員を置くこととなっているが，実際には多様な職種・身分の教職員が雇用され，キャリア，処遇・評価，育成・研修のあり方も異なる。そのため，様々なコンフリクトも生じやすく，生産性の向上のみにとどまらない，人的資源管理が求められている。

　なお，「誰が」「何を」「どのように」という各領域は相互に関連している。これらの組織のマネジメントの関係や成果をチェックし，以降の取り組みに活かしていくのが評価やIR活動である。この点については第10章で取り上げる。

4．矛盾を前提とした大学のマネジメントのありよう

　大学は，環境とりわけ人口構造や財政構造の変化に対するマネジメントを否応なくせねばならない。また諸改革を誘導する政策への対応についても，最終的な選択権は個々の機関にあるとはいえ，評価や補助金とも

連動していることが少なくなく，対応を迫られている。しかも，組織の
マネジメントに環境のマネジメントが追いつくケースは希で，環境への
適応をめぐって，内部改革を求められることが多い。環境の変化の中で
も人口のように予測がつくものもあれば，政治・経済・社会あるいは競合
する他大学の急激な変化によって対応を余儀なくされるものもある。

　そのため，環境変化への素早い適応を企図して学長等執行部に強い権
限を与え，機動的に組織のマネジメントも行えるよう整備が進んでいる。
しかしながら組織のマネジメントというのは，むしろじっくりと手順を
踏み構成員の多くが納得する改革を選択していく方が，中長期的には望
ましいともいえる。組織というのは通常，大きな変革よりも安定性や規
律を重視する傾向にあるからであり，拙速な対応や変革は，逆に組織の
パフォーマンスを低下させる危険性もある。

　加えて，これまで繰り返し述べてきたように，大学は多様で多元的な
業務・機能を有するため，環境と組織をめぐるマネジメント上の矛盾が
存在するだけでなく，ある機能を選択したりその強化を行えば，他の選
択を諦めたりその機能が弱体化するという，トレードオフの関係も容易
に生じる。

　そう考えるならば，そもそもマネジメントという行為には，学長，学
部長，学科長調査を行った広島大学高等教育研究開発センター編（2007）
等が指摘するアクター間の矛盾の存在を待つまでもなく，矛盾は付きも
のつまり前提である。つまり矛盾がないことや矛盾をなくすことが重要
なのではなく，この矛盾をどう前向きに解決していくかが，大学のマネ
ジメント上の鍵なのである。

　その際，考え得る1つの方策は，矛盾の一方を選択し他を破棄するこ
とである。しかもそれは往々にして，環境のマネジメントの優先という
形をとる。だがその際に組織のヒト，モノ，カネという諸資源が大きく

入れ替わることは希で，その選択に応じた組織のマネジメントを適切に行わなければ，矛盾の解決に繋がるとは限らず，むしろ矛盾の増大に繋がることもあり得る。

加えて矛盾をめぐっては二者択一という方策を採用せず，むしろその矛盾をエネルギーに変えて第三の道を探るということもあり得る。その意味で矛盾の解決は一方向的ではないが，とりわけ後者の場合には，政策を含む環境への単なる追随を必ずしも意味しない。そのためには経営組織，経営戦略，そして経営システムについて，個別大学ごとに独自のアイデアの創出が必要となり，組織としての知恵や想像力がより問われることとなる。

学習課題

1．本章では環境のマネジメントとして，主に18歳人口と公財政支出を取り上げたが，それ以外に重要と思われる外部の環境を，その理由も含めて例示しなさい。
2．組織のマネジメントを構成する，経営組織，経営戦略，経営システムのうち，どれか1つを取り上げ，複数の大学を比較してそれぞれの特徴を明らかにしなさい。

参考・引用文献

・広島大学高等教育研究開発センター編（2007）『大学の組織変容に関する調査研究』COE研究シリーズ27
・伊丹敬之・加護野忠男（1989）『ゼミナール経営学入門』日本経済新聞社
・小方直幸（2018）「大学の経営・政策と市場」東京大学大学経営・政策コース編『大学経営・政策入門』東信堂，3-19頁

2 | 大学の歴史と理念

福留　東土

《目標＆ポイント》 世界の大学の歴史について学ぶことで，大学の理念について理解するとともに，読者の持つ大学概念を拡張させ，日本の大学の現状を相対的な視野の下に置く。それによって大学に対して豊かな発想が持てるようになることを目指す。

《キーワード》 学問の府，中世の大学，近代大学，多様化と標準化

---

1. はじめに

　本章では世界の大学の歴史と理念について概観する。はじめに，世界の大学とその歴史について知ることが，現代日本の大学について考える上でどのような意味を持つのかを考える（第2節）。それを踏まえて，中世ヨーロッパにはじまる大学の歴史を追いながら，大学の定義や理念とは何か，大学はいかなる過程や影響関係を経て世界に伝播していったのかについて論じる。大きく，中世から近世（第3節）と近代大学（第4節）とに区分し，大学の誕生から20世紀に至る歴史について論じる。

2. 大学の「歴史」と「比較」

　海外の大学について学び，その歴史を知る意味はどこにあるのだろうか。私たちは大学について考えるとき，現代日本の大学を念頭に置こうとする。過去と現在では，大学の制度や社会的位置づけ，取り巻く環境が異なる。また地理的背景が異なる外国では異なる文化と制度の中で大

学が存立している。こうした観点に立つと，一見，前提の異なる対象か
ら意味ある示唆を引き出すのは難しく感じられる。

　比較・歴史的考察の意義は自分の大学概念を拡張することにある。自
分の体験した大学，または現代日本の大学を前提に大学とは何かを考え
ると，そこから導き出される大学像は限定的な視野に基づくものとなる。
歴史の中で大学は姿を変え，また諸外国では異なる風土と文化の中に多
様な大学が存在している。それら大学について学ぶことは，自分の大学
像を押し広げ，あるいは転換させ，大学に対する理解を豊かなものにし
てくれる。そして，そうした理解を持った上で目の前の大学を見つめ直
したとき，大学内外で生起する現象に対して，それまでとは異なる視野
に立って観察することができる。それは，例えば，大学改革の方向性を
考えようとする際に，豊かな発想を導き出すことに貢献するだろう。

　比較・歴史的考察のもう 1 つの意義は，大学理解の相対化と深化であ
る。諸外国の大学について学び，日本と比較することで，相互の特徴を
相対的な視野から認識することができる。また，歴史を知ることで，現
代の制度や現象の起源を理解し，深い理解を持てるようになる。

　もっとも，大学とは，各国・地域の独自の文化や社会的特質といった
文脈の中で連綿と変化してきた制度である。外国の制度を表面的に自国
に当てはめることは往々にして混乱を呼ぶ。また，漠然たるノスタルジ
アによって過去を称賛することは慎まなければならない。一方で，大学
とは元々，国や地域を越えたコスモポリタンな性格を持ち，諸国・地域
の間で相互に影響を及ぼし合う歴史の中で発展を遂げてきた。現代では
グローバル化が進行する中で，諸外国の大学との競争や交流が大学の発
展において有意義な機会を提供してくれる。こうした意味からも，比較・
歴史的考察は現代大学にとって重要な意味を持っている。

3. 大学の誕生と近代以前の大学

（1）中世ヨーロッパにおける大学の誕生

　大学はいつ，なぜ，どのようにして誕生したのだろうか。大学は12世紀の中世ヨーロッパにおいて誕生したというのが定説である。ただし，その遥か以前からヨーロッパやアジア・アフリカの各地において，学問について探究し，あるいは人材育成を行う機関が数多く存在していたことが知られている（安原・ロウ 2018）。それら機関と中世大学との違いは，知識を扱う機関としての組織性・体系性にある。学問を基礎とする機関が，ある程度の規模を伴った集団として成り立ち，その中で教育課程が編成され，持続性を持つようになったことが中世ヨーロッパにおける大学成立の条件となった。とりわけ，集団としての組織が自律性を確保し，構成員による自治を通した運営を行うようになったこと，そして体系的な知識を獲得することを通して学んだ者の能力を証明する学位を授与するようになったこと，の2つが重要なメルクマールであった。

　中世ヨーロッパでそうした大学が成立し得たのはなぜか。そこには，社会経済的要因・宗教的要因・知的要因の3つが重なっていた。社会経済的要因としては以下のような流れがあった。中世では農業が発達し，余剰生産を生み出すようになった。それは商業の発展を促し，地域間の交流が発生することによって，貨幣経済が浸透した。交易の拡大は都市の成立を促した。親から引き継ぐ職業と土地から自由になる人々が増え，地域を移動し，多くが都市に流入した。多様な人々が行き交う都市を統治する法律が必要となり，また生産活動から自由になった人々は様々な思索の活動を行うようになった。宗教的要因としては，古代以来の西洋社会を精神的に支えてきたキリスト教が12世紀になると教会組織の整備と大規模化を図り，ここに神学や教会法を探究する可能性が生じた。

同時に教義論争や世俗の皇帝・国王権力との対立・抗争が生じ，宗教的権威としてのキリスト教に関わる知識を整理・深化させる必要があった。大学成立を促したいま 1 つの要因が人間の知的側面に関わるものである。それまでアラビア世界において保存・研究されていた古代ギリシャの遺産が再びヨーロッパにもたらされ，「12 世紀ルネサンス」と呼ばれる古代西欧知識の復興運動が起こった。ギリシャやアラビアの哲学や科学的探究の成果がラテン語に翻訳され，ヨーロッパに広がっていった。こうした中で，人間の理性に基づく合理的知識への欲求が生じてきたのである。

　中世大学の嚆矢はボローニャ大学（現在のイタリア）とパリ大学（フランス）である。ボローニャは法学を基礎とする学生中心の大学であり，パリは神学を基礎とする教師中心の大学であった。これらが，上述した組織性と体系性，すなわち集団としての自治と学位授与の権限を備えた最初の教育機関であった。これら 2 大学は，知識を求める人々が都市に集まり，自然発生的に成立した機関として自生型大学の嚆矢と呼ばれる。

　聖俗権力が交錯する不安定な中世社会では，ギルドを結成して同業職業人相互の利益を守ろうとするのが特徴であった。大学もギルドの性格を有し，様々な組織が内部に編成された。教師と学生による同僚集団であるウニベルシタスやストゥディウム，都市市民権を持たない学生が同郷者同士で扶助を行う国民団（ナチオ），貧困学生の慈善施設として篤志家の寄付により建てられた学寮（コレギウム）等があった。このうち，ウニベルシタスは"university"，コレギウムは"college"の語源となり，のちの高等教育・学術研究機関の主要な性格形成へ繋がっていく。

（2）近世における大学の変容：都市・国家・宗教との相克

　こうして自治と自律性を伴って成立した中世大学だったが，社会的制

度として安定性を確保する上では，社会における諸権力との関係性が課題であった。大学と都市との間では「タウンとガウンの抗争」が生じた。この時期の大学は自前の建物を持たない場合もあり，都市との軋轢が生じると場所を移動する「講義停止」という手段に依って様々な利益を引き出すことができた。都市の側も次第に大学を街の文化の象徴，誇りとみなす捉え方が強くなっていった。

　近世に入って困難な課題を大学に突き付け，その変容を促したのは，宗教と政治の聖俗二大権力である。これら権力と大学との関係は，庇護・支配・軋轢・体制化といった様々な側面が絡み合うものとなった。宗教改革が起こって，キリスト教の宗派が多数分立し，各宗派と領邦国家が結びつく中で，大学も次第に特定地域の政治と宗派の利害を反映しつつ，自らの生存を模索するようになる。この時代のヨーロッパの大学に対しては，それまでのコスモポリタニズムからナショナリズム，あるいはローカリズムへとその性格を変化させたことが指摘される。中世から近世にかけての大学には，自生型大学に加えて，自生型大学を出自としつつそこから枝分かれした分派型大学，そして教皇や皇帝・国王によって設置認可された設立型大学の３つに類型化される。13世紀中盤以降にできた大学はほとんどが設立型大学であり，聖俗の権力に支えられ，その支配下で大学がヨーロッパ一円に拡大していったことが知れるのである。

（3）イギリスの大学

　ヨーロッパ内部の大学の地方化，あるいは国家化の動きの中でユニークな展開を遂げたのがイギリスである。イギリスには，12世紀にできたオックスフォード大学，13世紀にそこから分派したケンブリッジ大学があった。オックスフォードはパリからの大移住によってできた大学であり，パリ大学型の教養学部重視の伝統を引き継いだ。大陸の大学ほ

ど国際性は高くなく，専門学部も未分化であった。そうした中，両大学では生活と教育の基盤的組織としての学寮が発達し，恒久的な組織となった。カレッジとその中でのチューター制に基づく教育が成立したのである。

　一方で，社会政治的状況としては，両大学は当時のヨーロッパ諸大学と通底する課題を抱えていた。タウンとガウンの争いが生じる中で，次第に教皇や国王の後ろ盾を求めるようになり，それを獲得していく。だが，15 世紀以降になると今度は，宗派や国家権力を巡る抗争に巻き込まれるようになる。両大学は，主にイギリス国教会・国王の庇護下に入ることになるが，時代によってカトリックや議会の勢力が増すことも少なくなく，こうした政治的・宗教的動揺は大学のあり方にも影を落とすようになる。とりわけ，権力の変動による学者の追放と復帰が繰り返されるようになっていく。こうした中で，17 世紀頃までオックスブリッジは知的沈滞状態にあったとされる。代わって，知的発展を支えたのが大学とは異なる学術研究組織としてのアカデミーであった。

（4）アメリカの大学

　こうしたヨーロッパの大学のあり方が大航海時代以降に伝播したのが，ヨーロッパ諸国が植民地化を進めた南北アメリカ大陸，とりわけイギリス植民地下の北米であった。北米にカレッジが設立されたのは1636 年のハーバードカレッジが最初である。合衆国独立までに 15 のカレッジが設立されたが，そのうち現存するのは 9 つである。新世界を支える聖職者と社会・政治のリーダー育成に主眼が置かれた。ただし，各大学が基礎を置くキリスト教の宗派は多様であり，宗派によって本国イギリスとの関係も異なっていた。とはいえ，植民地カレッジに共通する特色は，地域の宗派の特質を反映しつつ，地方植民地政府との強固な関

係の中で設置されたことである。現存する植民地カレッジの多くは現在
私立大学となっているが，当時は大学を巡る公私の概念は明確に存在せ
ず，地方政府による財政支援と統治への関与が行われるのが通常であっ
た。こうした意味で，米国のカレッジは社会と宗教との緊密な関係の中
で成立した。

　植民地カレッジが現代まで影響を及ぼしている要素には 2 つの側面が
ある。1 つは素人支配，あるいは市民支配と呼ばれる統治形態である。
カレッジ理事会は，聖職者や政治家・行政官ら地域の有力者によって構
成され，カレッジ運営権を保持した。カレッジの教師は若年のチューター
が中心であり，安定的な職業ではなかった。内部に有力者が不在であっ
たことと，政府と社会全体がカレッジの成立・運営を支えていた事情と
が相俟って，外部者が最終的な意思決定を保持する統治形態が生み出さ
れた。ただし，理事はあくまで外部者であるため，学内においては学長
が強力な執行権限を有する運営体制が現出した。

　もう 1 つの特徴は親代わりの教育（in loco parentis）の伝統の形成で
ある。カレッジ教育の主眼は専門教育にはなく，未だ教育階梯が整備さ
れていない中で，カレッジは多分に少年に対する訓育機関としての性格
を有していた。後に専門教育や研究機能を付け加え，総合的な学術機関
へと変容した現在でも，米国の学士課程教育の中核には，学生の精神的・
人格的発達を見守り，支援するという理念が根づいている。

4. 近代大学の成立と発展

（1）近代大学の嚆矢ベルリン大学

　19 世紀に入ると西欧社会で大学は新たな展開をみせる。近代大学の
登場である。その嚆矢とされるのはドイツで 1810 年に創設されたベル
リン大学であった。ベルリン大学は，創設者ヴィルヘルム・フォン・フ

ンボルトが主張した「研究と教育の統一」の理念とともに知られる。19世紀初頭の大学の変化には，17 世紀後半以降に西欧で広がった啓蒙思想が影響を及ぼしていた。知性と理性による人間の自律的思考に信頼を寄せ，そこから生み出される知識によって，既得権力による抑圧と不平等が支配する社会を変革しようとする思想である。ナポレオン戦争で多くの領土を失ったドイツでは，カントやフィヒテら哲学者の思想的影響の下に「地上で失ったものを精神の世界で取り戻す」という思想傾向が生み出された。その中で大学を構想したフンボルトは，知識が定まった不動のものであるとの考えを否定し，知識は教師と学生の対話により絶えず新たに生成されていくものと捉えた。大学が伝えるべきは，知識を発見し進歩させる方法でなければならないと考えられた。既存の知識を伝達するのではなく，いかに知るかを教える。「内容」としての知から「方法」としての知への転換であった。フンボルトは，学問とは所有ではなく行為・活動であり，教師と学生は，与え，受け取る者という関係ではなく，ともに探求し，創造する存在であり，同一の使命に共同で働く者である，と述べている。そして，そのためには孤独と自由が必要であり，国家は大学に対する干渉を慎み，教師・学生ともに自律的に教え，学習する自由が保証されるべきであるとした。

　フンボルト理念はドイツの伝統ある大学にも影響を及ぼした。もっとも，当時フンボルト理念がそのままの形で理解され，取り入れられた訳ではない。学生生活に貴族的装いを持ち込み，あるいは実用的教育を求める学生たちすべてがこうした理念に惹きつけられた訳ではなかった。当時，フンボルト理念がどれほど明確な理念として形成されていたかについては疑問が呈せられており，現実の研究や教育を基礎づける考え方も，フンボルト理念に限定されるものではなく，多様であり得た（潮木1992・2008）。

だが，重要なことは19世紀ドイツに一群の「研究大学」が生み出されたことである。そこには世界から多くの留学生が集まった。実験室とゼミナールという研究教育の形態に支えられ，自由な探究的風土の中で学問を収めた若者らは，帰国した後，ドイツで学んだことを自国の大学に取り入れようと努力し，各国で近代大学の成立を支える存在となった。

（2）米国におけるユニバーシティの発展

ドイツの影響を最も強く受けたのが米国だった。19世紀終盤から20世紀初頭にかけて数多くの研究大学が誕生した。各大学ではドイツから帰国した研究者が，科学的探究の手段を導入しようと奮闘した。19世紀前半までのカレッジがユニバーシティへ転換しようとしていたのである。

米国でも啓蒙思想の影響を受けつつ，宗教的信仰から解放された自律的思考と近代科学を志向する考え方が次第に根づきつつあった。また，他の側面から大学を支えたのが大規模な経済発展だった。広大な土地と豊富な資源，因習に捉われることの少ない社会の中で，自由な経済活動を通して利益を生み出す資本家が登場した。彼らは莫大な資産を基に，教育・病院・図書館・芸術に対する大規模な慈善活動を展開した。彼ら篤志家のうち最も著名なのは石油王ジョン＝ロックフェラーと鉄鋼王アンドリュー＝カーネギーである。米国最初の研究大学となったジョンズホプキンス大学は，その名の由来となった実業家の遺した鉄道株を元手にしていた。他にも，電信事業者によるコーネル大学，鉄道経営者によるスタンフォード大学，ロックフェラーの資金によるシカゴ大学等，篤志家の慈善事業により新設されたユニバーシティが大学史を彩る時代が到来した。また，カーネギーの作ったカーネギー教育振興財団は大学教員に対する退職年金制度を設け，受給資格条件を満たすことを大学に要求して，多くの機関がユニバーシティへ変容することを促した。ロッ

クフェラー系の複数の財団も，資金提供を通じて同様の影響力を行使した。

　これら新興機関を構想・設計し，また具体的運営を担ったのは各大学を率いる学長であった。その代表は，ジョンズホプキンズ大学のギルマン，コーネル大学のホワイト，シカゴ大学のハーパーである。彼らは，創設者と協力し，また時には説得を試みて必要な資金を引き出す一方，創設者による直接的関与を巧みに排しつつ，ユニバーシティ建設の主導権を握った。

　これら新興機関の出現に対して，植民地カレッジに起源を持つ機関もこの時期，ユニバーシティ化の道を辿った。1869 年から 40 年にわたってハーバード学長の地位にあったエリオットは，就任当初，カレッジ教育の近代化とプロフェッショナルスクールの高度化とを課題として掲げていた。しかし，ジョンズホプキンズの創設以降，優秀な教員が引き抜かれ，また大学院志願者が減少するという現象が起こっていた。そのためエリオットは 1890 年に，小規模な存在であった大学院を大幅に改革し，組織化された大学院を設けた。エリオット独自の構想というより，ジョンズホプキンズへの対抗・後追いとしての大学院教育への参入であった。こうした過程によって，植民地カレッジに起源を持つ機関は 19 世紀終盤以降，すべてが研究大学としての歩みを進めることとなった。

（3）アジアにおける「学問の府」と大学の近代化

　アジア諸国においても 19 世紀後半から 20 世紀前半にかけて高等教育機関の創設と人材育成が進められた。ただし，その様相はヨーロッパや北米とは異なっていた。アジアでは多くの国々が欧米帝国主義列強の植民地となり，地域や時期による違いこそあれ，植民地宗主国の主導とその強い影響力の下に，高等教育機関の設置・運営が行われたからである。

古代アジア・アラビア世界における学問の中心地：歴史を遡ればアジアの各地域には，紀元前から知識を保存・探究し，またそれらを基に人材育成を行う豊かな文化が存在してきた。それらは仏教やイスラム教，あるいは儒学等の体系化された教えを基盤に行われ，多くの学び手を引きつける機関も少なくなかった。近代以降に連なる制度としての大学こそ出現していなかったが，古代アジア・アラビア世界には「学問の中心地」が確実に存在したのである。それら機関は遠方からの学び手を惹きつけ，あるいは国家を支える知識人や官僚養成の担い手となり，または近隣諸国の学術・人材育成制度に影響を及ぼす存在であった。人材選抜システムとしての中国の科挙も近隣諸国に強い影響を残した。それぞれの地域・時代の最も高等な知識を学ぶという営みを大学・高等教育史に紡ごうとすれば，こうした歴史を無視することはできない（安原・ロウ 2018）。

欧米のアジア進出と大学の創設・発展：だが，現在まで続く大学制度がアジアに根づいたのは，欧米諸国がアジア進出を行って以降のことだった。帝国主義的支配が強まった 19 世紀以降，植民地宗主国の支配下で高等教育を含む教育政策が推し進められた。もっとも，その具体的様相は多様であり，そこには宗主国による植民地運営の目的と方針，被植民地国の社会・経済状況や教育の伝統，支配に対する抵抗状況などの要因が関係していた。総じていえば，宗主国の強い支配下で宗主国の大学制度に基づいた大学が設立されたが，多くの場合，植民地に建てられた大学は本国のそれに比して簡易で安価であった。言語面でも宗主国の言語で教育が行われることが多かった。第二次大戦後，アジア植民地は次々に政治的独立を果たすが，文化や教育面での旧宗主国の影響はその後も色濃く残ることとなった（アルトバック＆セルバラトナム 1993）。

　アジアで植民地化を逃れたのは，タイ・中国・日本であり，特にタイと日本では，主体的に大学モデルを選び取ることが可能な環境にあった。

しかし，それでも近代化を図る上で欧米モデルの受容は不可避だった。西洋の制度や技術を選択的に導入しつつ，自国の精神的・文化的伝統とどう融合し得るのかが本質的課題となった（中山 1978）。こうした課題は，グローバル化による欧米の影響という新たな状況が見られる現代でも，各国の大学のありように対する重要な問いを投げ掛け続けている。

（4）大学の多様化と標準化

　大学の多様化：19 世紀は多くの地域の大学に転換が起きたダイナミックな時代であった。その代表的存在は研究機能を付加した近代大学である。しかし，各国・地域の大学を総体として眺めてみると，多くの場合，そこには多様な特質を持った大学が存在することに気づく。各大学は各々の理念や目的に基づいて活動の重点，あるいは受け入れる学生の特質を同定する。そうした各大学の個性が総体としての大学の多様性へと繋がり，大学が豊かな活動を営むことを可能にする。とりわけ，19 世紀後半以降に高等教育が普及し始め，20 世紀に入ると機関及び学生の数が増大し，各国には様々な性格を持った機関が併存するようになる。

　そうした多様性を最も高い次元で具現化させたのが米国である。米国は世界で最も早く，高等教育の大衆化を実現させた国であり，大衆化に対応する多様な機関群を形成した（トロウ 1976）。しかし，他国にも多様な機関類型が，国ごとに独自の形で併存する状況を見出すことができる。イギリスでは，オックスブリッジに加えて連合制大学や市民大学が登場し，1960 年代以降は大衆化に対応した新大学や工科大学，ポリテクニクが設置された。ドイツでは学術大学に加えて近代産業化に対応した工業大学・商科大学が設けられ，教育大学・行政大学なども広がりをみせた。フランスでは，グランゼコールが大学を凌ぐエリート養成機関としての地位を保持する一方，研究活動は国立研究所としての CNRS

と大学が協働して行うというユニークな形態がとられた。こうした高等教育機関，及びその機能の多様化は，20世紀後半には多くの国でさらなる広がりをみせるようになる。

アメリカの大学の多様性：米国では新興研究大学の登場に触発され，19世紀終盤に伝統的大学がユニバーシティへ変貌した。ただし，すべてがその流れに乗ったわけではない。一部機関はリベラルアーツに基づく学士課程教育の伝統を堅持し，米国の重要な特質であるリベラルアーツ・カレッジを形成している。大学院は持たないか，あっても小規模であり，多くの学生が寮に居住し，チュートリアルや討論中心のクラス等，少人数教育を重視している。研究大学の大学院へ進学する卒業生も多い。

1862年には農学と工学の振興を目的とするモリル法が連邦議会で可決され，各州にランドグラント・カレッジ（国有地賦与大学）が設立された。伝統的専門職階級に対して農・工・商といった近代的職業を担う産業階級の興隆に応じる形で設立された機関群である。

今ひとつ米国に特徴的な機関として登場したのが，2年制のコミュニティ・カレッジである。高校課程にプログラムを付加することにより，あるいはカレッジ教育の基礎的部分を構成する前半2年間をカレッジから切り離す形で，ジュニア–カレッジと呼ばれる機関が各地に設けられた。当初はリベラルアーツ教育が主流だったが，世界恐慌の影響もあり，1930年代頃から職業的プログラムが増加した。女性やマイノリティへの教育機会の開放の面でも大きな役割を果たした。第二次大戦後には，無償の公立機関が拡大し，地域の文化センターや地域ニーズに応じたサービス機関として，また市民性涵養を目指す機関として拡大を遂げた。

標準化と階層化の進行：多様化の一方で，個別機関を越える標準化や機関類型間の階層化も進行した。研究大学は各々が個性ある発展をみせつつも，20世紀に入る頃から次第に機関を越えて共通する要素を持つ

ようになった。研究大学は学術的知識や大学教授職のあり方を規定する存在となり，他の機関類型に対して強い影響力を持つようになった。前述した各種財団も高等教育の標準化を推進した。機関ごとの個性や機関類型間の多様性は維持されつつも，入学基準，履修単位基準，科目提供の方法，専攻の構成等の面で機関を越えた標準化が進んだ。各機関類型は他とは容易に比較できない独自の価値を保持しつつも，研究大学を頂点とするヒエラルキーの中に組み込まれるようになった。

　他国での動向：標準化と階層化は，一方では拡大する高等教育の共通の質を保証する上で，他方では大学が相互に協力と競争を行いつつ社会的・学問的威信を獲得していく上で，多くの国において不可避の流れであった。20 世紀以降の大学システムでは，高等教育や大学の機能を巡る新たなアイディアが広がっていく一方で，財源や学生の獲得を巡って絶えず競争が繰り返され，威信の配分が進行するという現象が生じるようになっていく。こうした図式は，高等教育のマス化・ユニバーサル化と社会経済のグローバル化が進行する現代でも大きくは変わっていない。

5. おわりに

　本章では，理念と制度を軸としながら世界の大学の歴史を辿ってきた。大学は国や地域ごとに固有の文脈の中で発展しつつも，空間を越えて相互に影響を及ぼし合ってきた。また，時間を越えて過去の伝統を引き継ぎつつも，絶えず変革を目指して様々な取り組みが試みられてきた。こうした空間的・歴史的ダイナミズムの中で，大学という制度は人類社会の歴史の重要な一端を形成してきたのである。

　なお，本章の内容は，福留（2018）を基に加筆・修正したものである。日本や南米における大学の歴史の概要については，福留（2018）を参照されたい。

学習課題

1. 大学の比較・歴史研究の研究課題としてどのようなものが思い付くか。本文に書かれてある内容を基にさらに考えを巡らせなさい。
2. 中世から近世の大学，近代大学の特質をまとめ，そこでどのような教育研究活動が営まれていたか，学生や教員はどのようなキャンパスライフを送っていたのかを考えなさい。
3. 本章の中で関心を抱いた大学について，参考文献や各大学のウェブサイトを基に，さらにその詳細について調べなさい。

参考・引用文献

- 潮木守一（1992）『ドイツの大学─文化史的考察』講談社学術文庫
- 潮木守一（1993）『アメリカの大学』講談社学術文庫
- 潮木守一（2008）『フンボルト理念の終焉？─現代大学の新次元』東信堂
- 島田雄次郎（1990）『ヨーロッパの大学』玉川大学出版部
- 中山茂（1978）『帝国大学の誕生─国際比較の中での東大』中央公論社
- 中山茂（1994）『大学とアメリカ社会─日本人の視点から』朝日選書
- 福留東土（2018）「大学の理念・制度・歴史」東京大学大学経営・政策コース編『大学経営・政策入門』東信堂，20-38頁
- 安原義仁・ロイ・ロウ（2018）『「学問の府」の起源─地のネットワークと「大学」の形成─』知泉書館
- 横尾壮英（1999）『大学の誕生と変貌─ヨーロッパ大学史断章』東信堂
- P・G・アルトバック，V・セルバラトナム（馬越徹・大塚豊監訳）（1993）『アジアの大学─従属から自立へ』玉川大学出版部
- J・ベン・ディビッド（天城勲訳）（1982）『学問の府─原典としての英仏独米の大学』サイマル出版
- C・H・ハスキンズ（青木靖三・三浦常司訳）（2009）『大学の起源』八坂書房
- F・ルドルフ（阿部美哉・阿部温子訳）（2003）『アメリカ大学史』玉川大学出版部
- M・トロウ（天野郁夫・喜多村和之訳）（1976）『高学歴社会の大学─エリートからマスへ』東京大学出版会

3 | 日本の大学制度

小方　直幸

《目標＆ポイント》　近代日本の大学制度は明治期に官学の東京大学に始まり，大正期には私立大学や公立大学も誕生し，戦後の新制大学改革を経て現在に至っている。その歴史を，大学以外の高等教育機関も視野に入れつつ概観した上で，大学を取り巻く基本的な法制と，設置者に特有の法制について紹介し，日本の大学制度の基本構造を学ぶ。

《キーワード》　旧制大学，新制大学，学校教育法，大学設置基準

1. 規模からみた大学制度の現在

　2018年現在，日本には782の大学，331の短期大学，57の高等専門学校，そして2,805の専門学校（専修学校専門課程）がある。このうち大学は，国立86，私立603，公立93，短期大学は私立314，公立17，高等専門学校は国立51，私立3，公立3，そして専門学校は国立9，私立2,610，公立186である。学校数は大学の77％，短期大学の95％，そして専門学校の93％を私学が占める。大学院の研究科数も，修士課程は国立24％，私立66％，公立10％，博士課程は国立28％，私立62％，公立11％，専門職学位課程は国立49％，私立45％，公立5％という構成で，高等専門学校を除き，他の学校種は私学の存在がきわめて大きいシステムになっている。

　学生は大学が国立60.9万人，私立214.5万人，公立15.6万人，短期大学が私立11.3万人，公立0.6万人，高等専門学校は国立5.2万人，

私立0.2万人，公立0.4万人，専門学校は国立0.04万人，私立56.3万人，公立2.4万人である。学生数も大学の74％，短期大学の95％，そして専門学校の96％を私学が占める。上記は大学院を含む学生数の構成だが，大学院のみに着目すると修士課程は，国立59％，私立35％，公立6％，博士課程は国立68％，私立25％，公立7％，専門職学位課程は国立39％，私立57％，公立4％という構成である。大学院における修士，博士課程は国立が量的には中心的役割を果たしている。

2. 近代日本の大学制度

（1）戦前の大学制度

　1877年に東京開成学校と東京医学校が統合し，日本で最初の大学として東京大学が誕生する。東京大学はその後各省の学校を統合して，1886年の帝国大学令によって帝国大学となる。帝国大学令の第一条は「帝国大学ハ国家ノ須要ニ応スル学術技芸ヲ教授シ及其蘊奥ヲ放究スルヲ以テ目的トス」と定め，帝国大学は国家のために学問の教育研究を行う機関だった。日本の大学は国家の機関として始まったのである。その後，京都帝国大学（1897年）の設置に伴い，帝国大学は東京帝国大学となる。

　明治期には同志社や慶應義塾など，私立大学の設立をめぐる動きもあったが，政府はそれを認めなかった。ただし，中等教育終了者向けの高等教育への需要の高まりを背景に，1903年に専門学校令が公布され，予科を備えた専門学校には「大学」という名称を付すことが認められた。これにより早稲田などの私立専門学校は大学へと改称した。その意味で私学は着実に大学昇格に向けた歩みを進めていたが，専門学校の大学昇格は，大正期まで待つこととなる。

　1918年の臨時教育会議答申は，大学について総合制を原則とするも

のの単科制も可能とすることや，大学の設置については官立や財団法人，そして特別の場合には公共団体の設立も認めることなど，大学制度に関わって重要な方策を打ち出した。これを受けて同年に制定された大学令は，大学の目的を「大学ハ国家ニ須要ナル学術ノ理論及応用ヲ教授シ並其ノ溢奥ヲ攻究スルヲ以テ目的トシ兼テ人格ノ陶冶及国家思想ノ涵養ニ留意スヘキモノトス」（第一条）と規定し，国家のための大学という位置づけは変わらなかったが，これにより，帝国大学以外の官立大学や私立大学，そして公立大学が誕生する。

　官立では 1920 年に東京商科大学が認可され，1922 年には新潟・岡山の医学専門学校が医科大学に昇格した。私立の設置者である財団法人には，財政基盤に対し厳しい条件が付されていたが，1920 年の慶應義塾大学と早稲田大学を皮切りに，多くの私立大学が要件を満たして認可されていく。そして公立についても 1919 年に府立の大阪医科大学が，1928 年には市立の大阪商科大学が認可された。

（2）新制大学・大学院の誕生

　アメリカの占領下で戦後の大学改革は始まった。米国対日教育使節団報告書は，大学で学ぶ機会を少数の特権から多数に開放することや，一般教育の導入，アクレディテーションに基づく大学自身による質の向上等を勧告し，これらは新制大学の骨格に連なっていくが，戦後改革は米国側の提案だけでなく，日本側の意向も反映したものだった。例えば，戦前の多様な高等教育機関を大学に一元化することを打ち出したのは日本側教育委員会であり，教育刷新委員会は 3 年制ないし 5 年制も認めつつも，高等学校に続く教育機関は 4 年制を原則とする建議を行った。

　新制大学は新制の小中学校と高等学校に次いで 1949 年から発足することとなっていたが，関係者の GHQ（連合国軍最高司令官総司令部）

への働きかけにより，1948 年には 12 の公立・私立大学が国立大学に先立って認可される。国立大学について文部省は一地域一大学の方針を持っていたが，CIE（民間情報教育局）が一府県一大学の方針を求めたことから，1948 年に国立大学設置 11 原則を決め，1949 年に国立学校設置法が制定され，新制の国立大学が発足した。学校教育法は大学の理念・目的を「大学は，学術の中心として，広く知識を授けるとともに，深く専門の学芸を教授研究し，知的，道徳的及び応用的能力を展開させることを目的とする」として新たに規定することとなった。

なお戦前の大学院は，大学令では「学部ニハ研究科ヲ置クヘシ」「数個ノ学部ヲ置キタル大学ニ於テハ研究科間ノ連絡協調ヲ期スル為之ヲ総合シテ大学院ヲ設クルコトヲ得」と規定されていた。大学院は学部と独立した組織ではなく，学部に置かれる研究科の総合体としての位置づけだった。戦後の大学院は，学部とは独自の組織として位置づけられ，修士，博士の 2 つの課程を置き，それぞれの年限や履修単位を定め，体系的な教育課程を求めたという点で，米国の課程制大学院への転換が目指され，1953 年に 12 の国立大学で新制大学院が発足した。

3. 大学以外の高等教育機関と新たな学校種としての専門職大学

（1）短期大学

旧制の専門学校の多くは大学への転換を目指したが，組織・施設等の条件を満たすことができず，大学に認められないものがあった。しかし旧制の学校をそのまま存続させることはできず，学校教育法を一部改正して，修業年限が 2 年ないし 3 年の大学を設け，これを短期大学と称することを可能にする暫定措置をとった。これにより 1950 年に短期大学が発足する。しかし暫定措置として発足した短期大学はその後目覚まし

い発展を遂げる。

　1956 年の中教審（中央教育審議会）「短期大学制度の改善についての答申」は，短期大学制度の恒久化を提言し，翌 57 年の同答申「科学技術教育の振興方策について」は，高等学校と短期大学を合わせた修業年限 5 年の「専科大学」の創設を提言した。しかしこの構想には，大学と同じカテゴリーを志向する短期大学から反対があり，技術者養成のための高等教育機関と短期大学は切り離されることとなった。前者は 1961 年に高等専門学校として結実し，短期大学はその後 1964 年に恒久的な制度となった。改正された学校教育法において短期大学は，深く専門の学芸を教授・研究し職業または実際生活に必要な能力を育成することを目的とする，修業年限が 2 年または 3 年で，学部を置かず学科組織をとる機関であり，また短期大学修了者は大学へ編入学することができるとされた。また 1991 年の学校教育法改正で準学士の称号が，2005 年の同改正で短期大学士の学位が創設された。

（2）高等専門学校

　戦前にも職業人育成を目的とする教育機関は存在していたが，その少なからずは戦後，新制大学として再編されていく。そのため専門的な職業人の養成に対しては，産業界等からも強い要請があり，1951 年には政令改正諮問委員会が，高校 3 年と大学の 2 年を合わせた 5 年制の職業教育に重点を置く専修大学を提案していた。それが先述した専科大学法案へと連なっていき，1961 年に高等専門学校が創設されるに至った。高等専門学校は中学卒業程度を入学資格とし，修業年限 5 年の準学士課程を置く，深く専門の学芸を教授し，職業に必要な能力を育成することを目的とする学校で，卒業後は専攻科への進学あるいは大学への編入学が可能となっている。1976 年には，高等専門学校の卒業生の大学での

学びを促進するために，長岡技術大学と豊橋技術大学が設立され，また1991年には準学士の称号が付与されることとなった。

（3）専修学校

1976年に設立されたのが専修学校制度である。1974年の高等教育懇談会の「昭和49年度における審議まとめ」は，高等教育の量的な抑制と質の改善を求め，拡大する進学需要の受け皿として，各種学校のうち基準を満たすものを専修学校と位置づけることとなった。専修学校は「職業若しくは実際生活に必要な能力を育成し，又は教養の向上を図る」ことを目的とした，学校教育法第1条に掲げる以外の教育施設である。専修学校には高等課程，専門課程，一般課程のいずれかを置くことになっており，高等課程は中学卒業相当，専門課程は高校卒業相当を入学資格としている。一般課程は特に入学要件を定めていない。専門課程を置く専修学校は専門学校と称され，入学資格の点からも高等教育機関として位置づけられる。1994年には専門課程の修了者には専門士の称号が授与されることとなり，1998年からは就業年限2年以上等の要件を満たせば，大学への編入学も可能となっている。

（4）専門職大学

2019年から，実践的な職業教育を行う新たな高等教育機関として，専門職大学，専門職短期大学という新たな制度が発足する。専門職大学は，大学制度の中に実践的な職業教育に重点を置く仕組みを導入・制度化するもので，前期・後期という区分制課程も導入が可能となり，柔軟な学びの実現を図り，専任教員数の4割以上を実務家教員とすることを求めており，学士（専門職）の学位が授与される。

2019年4月の学校教育法改正では，第83条に「大学のうち，深く専

門の学芸を教授研究し，専門性が求められる職業を担うための実践的か
つ応用的な能力を展開させることを目的とするものは，専門職大学とす
る」「専門職大学は，文部科学大臣の定めるところにより，その専門性
が求められる職業に就いている者，当該職業に関連する事業を行う者そ
の他の関係者の協力を得て，教育課程を編成し，及び実施し，並びに教
員の資質の向上を図るものとする」が新たに設けられる。2019 年度は，
高知リハビリテーション専門職大学，国際ファッション専門職大学と，
ヤマザキ動物看護専門職短期大学が新設されることになった。

4. 大学の基本法制

（1）憲法・教育基本法・学校教育法

　日本国憲法は第 23 条で「学問の自由はこれを保障する」と規定して
いる。この規定は大学にのみ該当するものではないが，学問の自由を守
るために大学の自治が認められるとの解釈がなされている。また教育基
本法では，第 7 条で「大学は，学術の中心として，高い教養と専門的能
力を培うとともに，深く真理を探究して新たな知見を創造し，これらの
成果を広く社会に提供することにより，社会の発展に寄与するものとす
る」と規定している。これを受けて学校教育法は第 83 条で「大学は，
学術の中心として，広く知識を授けるとともに，深く専門の学芸を教授
研究し，知的，道徳的及び応用的能力を展開させることを目的とする」，
第 2 項で「大学は，その目的を実現するための教育研究を行い，その成
果を広く社会に提供することにより，社会の発展に寄与するものとする」
と定めている。

　学校教育法は第 9 章の第 83 条から第 114 条で大学に関する諸規定を
行っており，組織に関する規定，学士課程に関する規定，大学院課程に
関する規定，短期大学課程に関する規定，大学行政に関する規定，認証

評価に関する規定から構成される。なお第85条では「大学には，学部を置くことを常例とする。ただし，当該大学の教育研究上の目的を達成するため有益かつ適切である場合においては，学部以外の教育研究上の基本となる組織を置くことができる」と規定し，学部の設置が大学における基本的かつ重要な位置づけとされている。

　大学院については第99条で「大学院は，学術の理論及び応用を教授研究し，その深奥をきわめ，又は高度の専門性が求められる職業を担うための深い学識及び卓越した能力を培い，文化の進展に寄与することを目的とする」「大学院のうち，学術の理論及び応用を教授研究し，高度の専門性が求められる職業を担うための深い学識及び卓越した能力を培うことを目的とするものは，専門職大学院とする」と定めている。高度な専門職業人養成に特化した大学院の修士課程として1999年に専門大学院が制度化されたが，従来の修士課程の枠内での制度設計であったことから，それを発展的に解消し，職業分野の特性に応じた柔軟かつ実践的な教育を可能にする新たな大学院制度として，2003年に専門職大学院制度が創設された。

（2）大学の設置認可と大学設置基準

　学校教育法第1条に規定する大学を含む学校は，国，地方公共団体及び学校法人のみが設置できる。これは，当該学校における公共的かつ安定・継続性のある運営を担保するためである。また大学を設置する場合には，大学設置基準等に従った設置が求められる。なお2003年に構造改革特別区域法の改正によって，株式会社等による学校の設置が効果的であると認められる場合等は，株式会社やNPO法人でも学校を設置することが認められている。

　大学を設置する際には，文部科学大臣の認可が必要とされ，文部科

大臣は認可を行う場合,大学設置・学校法人審議会に諮問することとなっている。大学設置・学校法人審議会は大学設置分科会と学校法人分科会から構成され,前者は教育組織,教育課程や校地・校舎等が学校教育法や大学設置基準に適合しているかを,後者は財政計画や管理運営等が私立学校法,学校法人の寄付行為やその変更の認可についての審査基準に適合しているかを審査している。

　現在,大学(院)の新設・廃止,学位の種類や分野の変更を伴う学部(研究科)の設置,通信教育の開設,設置者の変更という必要最低限の事項には認可が必要だが,その他の事項は届出制であり,学問や社会の変化に対応した組織改編を弾力的・機動的に行える仕組みが導入されている。なお私立大学の場合,学科(学位の種類や分野の変更を伴うもの)の設置や収容定員総数の増加は認可が必要とされている。

　大学設置認可申請や届出に関する法令には,大学設置については学校教育法,同施行令・施行規則,学位規則,大学設置基準等が,法人設置については私立学校法や私立学校法施行令等がある。このうち大学設置基準は,学校教育法第3条に基づいて1956年に文部省令として制定され,大学の組織,教員資格,学生定員,教育課程などを最低基準として定めている。その第1条は「大学(短期大学を除く。以下同じ。)は,学校教育法(昭和二十二年法律第二十六号)その他の法令の規定によるほか,この省令の定めるところにより設置するものとする」「この省令で定める設置基準は,大学を設置するのに必要な最低の基準とする」「大学は,この省令で定める設置基準より低下した状態にならないようにすることはもとより,その水準の向上を図ることに努めなければならない」と定めている。

　1991年には,一般教育科目の必修枠の廃止,大学独自の自由なカリキュラム編成を認める等の大綱化により基準の大幅緩和が行われ,その

後も事前規制から事後評価という流れの中で，弾力化が図られている。2018 年の中教審（中央教育審議会）答申「2040 年に向けた高等教育のグランドデザイン」では，「現在の設置基準を時代に即したものとして，例えば，定員管理，教育手法，施設設備等について，時代の変化や情報技術の進歩，大学教育の進展を踏まえ，学生／教員比率の設定や，編入学や転入学などの学生の流動性への対応，教育課程を踏まえた教員組織の在り方，情報通信技術を活用した授業を行う際の施設設備の在り方，情報通信技術を活用した授業を行う際の施設設備の在り方など，抜本的に見直す必要がある」が盛り込まれ，さらなる見直しが検討されることとなっている。

　なお，大学院については大学院設置基準，専門職大学院については専門職大学院設置基準，短期大学については短期大学設置基準が定められている。また，1947 年の学校教育法で「大学は，通信による教育を行うことができる」とされた通信教育についても，大学通信教育設置基準，短期大学通信教育設置基準がそれぞれ定められている。

（3）学位と専攻分野の名称

　学校教育法は第 104 条で大学が授与する学位を大学，大学院，専門職大学院の別に定め，あわせて短期大学と大学改革支援・学位授与機構が授与できる学位についても規定している。これを受け文部省令である学位規則は，学士，修士，博士，専門職学位，短期大学士の学位授与の要件を定めている。なお学位に関わる専攻分野の名称について学位規則は「適切な専攻分野の名称を付記する」とだけ定めている。1956 年の大学設置基準制定時には学士の学位は 25 種類だったが，1991 年に学士を学位と認める際に専攻分野を付記することとなって以来，専攻分野名称は増加の一途をたどった。そのため，学位の国際通用性に向け，学位名称

から何を学んだかがわかる専攻名称とすることが奨励されている。

5. 設置者ごとの法制

（1）国立大学

　国立大学の設置形態については明治以来，国の行政機関の一部であることに対する違和感等から，新たな設置形態が幾度か模索されてきた経緯があるが，2004 年の法人化により，国の行政機関から切り離され，その設置者は国立大学法人となった。国立大学に関しては現在，国立大学法人法が設置・組織や運営に関する基本的事柄を規定している。その第 1 条は「この法律は，大学の教育研究に対する国民の要請にこたえるとともに，我が国の高等教育及び学術研究の水準の向上と均衡ある発展を図るため，国立大学を設置して教育研究を行う国立大学法人の組織及び運営並びに大学共同利用機関を設置して大学の共同利用に供する大学共同利用機関法人の組織及び運営について定めることを目的とする」と定めている。

　ただし国は，国立大学法人と国立大学の一体的運営を前提に，法人化後も国立大学に一定の責任を果たすこととなっており，学校教育法上も国立大学法人の設置大学は国立学校とされている。そのため，国は国立大学法人に対し，学長及び幹事の任命や中期目標の策定と中期計画の認可・評価，国立大学法人運営費交付金の配分を行っている。国立大学法人の学長は理事長であり，学長選考会議の選考に基づき文部科学大臣が任命するが，教学，経営の両面で最終的な判断を行う権限と責任を有している。また，重要事項の審議機関として経営協議会を置き，その過半数は学外者の参画であることや，中期計画を作成して文部科学省に認可を受けること，身分は非公務員型という制度設計になっている。

（2）公立大学

　公立大学には，地方自治法の規定により条例を根拠に「公の施設（住民の福祉を増進する目的をもってその利用に供するための施設）」として設置するものと，地方独立行政法人法の規定により定款を根拠に「公立大学法人」が設置するものとがあり，地方公共団体の選択で法人化が可能となっている。前者は地方公共団体の長が事務を管理・執行し，教育公務員特例法が適用される。後者は地方独立行政法人法が，教育研究等の大学の特性を踏まえた特例を規定している。2018 年時点で 93 の公立大学のうち，81 大学が法人化している。

　地方独立行政法人法の第 2 条は地方独立行政法人を「住民の生活，地域社会及び地域経済の安定等の公共上の見地からその地域において確実に実施されることが必要な事務及び事業」を行うものと位置づけ，法人の設立は，議会の議決を経て国等が認可する（都道府県が設立する場合は，総務・文部科学大臣の共同認可）とされる。理事長は学長とされるが，地方公共団体の選択によって別途理事長を任命することも可能である。これは，一法人が複数の大学（高等専門学校を含む）を設置することを認めているためである。中期目標の策定は設立団体の長が行い，地方独立行政法人評価委員会が評価することとなっている。なお身分は国立大学法人と同様に非公務員型である。

　公立大学法人導入前には，地方公共団体が土地・建物等の設置の経費を負担し，運営は私立学校法による学校法人が行うという公設民営大学も設置されていたが，2009 年の高知工科大学を皮切りに，翌年の静岡文化芸術大学，名桜大学など公立大学法人への移管が進んでいる。

（3）私立大学

　私立大学については私立学校法が，所轄庁の権限や私立学校の設置者

である学校法人の設立や解散，その組織や運営等を定めている。私立学校法は第1条で「この法律は，私立学校の特性にかんがみ，その自主性を重んじ，公共性を高めることによって，私立学校の健全な発達を図ることを目的とする」と規定している。これは，私立学校が国公立学校と異なり，寄付財産等による設立を原則としているからである。

　私立学校法は私立学校の自主性を尊重するため，学校教育法第14条の規定を適用せず所轄庁の権限を限定し（第5条），所轄庁が権限を行使する場合も，私立学校審議会等の意見を聴かなければならない（第8条，第31条など）とし，私立学校関係者の意見を反映する措置が講じられている。しかし，私立学校が公共性を有することもまた強調されており，解散時の残余財産の帰属や，役員の必要人数や親族のみで占められることの禁止，評議員会の設置の義務づけなど，民法上の財団法人とは異なる法的規制を加えている。

　他方で，私立学校に対する助成については，1975年に制定された私立学校振興助成法で定めている。本制度をめぐっては，日本国憲法の第89条における「公金その他の公の財産は，宗教上の組織若しくは団体の使用，便益若しくは維持のため，又は公の支配に属しない慈善，教育若しくは博愛の事業に対し，これを支出し，又はその利用に供してはならない」という規定から，違憲問題が指摘されてきた。公の支配の厳格適用は，私立学校の自主性・独立性を損ないかねず，政府は憲法解釈の緩和・変更を行い学説も支持することで，私学助成は合憲とされている。教育基本法の第8条も「私立学校の有する公の性質及び学校教育において果たす重要な役割にかんがみ，国及び地方公共団体は，その自主性を尊重しつつ，助成その他の適当な方法によって私立学校教育の振興に努めなければならない」としている。なお，構造改革特別区域法による株式会社立大学は，この助成対象とはならない。

学習課題

1．第二次世界大戦をはさんだ旧制と新制の大学制度の連続性と断続性について具体的に述べ，日本の大学制度の歴史を俯瞰しなさい。
2．あなたの所属する大学あるいは関心のある大学を取り上げ，個別大学の年史を調べ，大学制度全体の動きと対比しなさい。
3．現行の各法制において大学はどのように位置づけられているか，設置者別の特徴にも触れつつ，具体的に説明しなさい。

参考・引用文献

- 羽田貴史（1999）『戦後大学改革』玉川大学出版部
- 海後宗臣・寺﨑昌男（1969）『戦後日本の教育改革　第9巻　大学教育』東京大学出版会
- 黒羽亮一（2001）『新版　戦後大学政策の展開』玉川大学出版部
- 大崎仁（1999）『戦後大学改革 1945-1999』有斐閣
- 舘昭（2014）「大学と政府─私立大学の位置づけに見る」『大学マネジメント論』放送大学教育振興会，37-48頁
- 土持法一（2006）『戦後日本の高等教育改革政策』玉川大学出版部
- 渡辺一雄編（2010）『大学の制度と機能』教育政策入門3，玉川大学出版部
- 安原義仁・大塚豊・羽田貴史編著（2008）『大学と社会』放送大学教育振興会

4 | 大学政策の展開と変容

小方　直幸

《目標＆ポイント》　政府と大学の関係を考える1つの視点として公共性に言及した上で，進学機会や大学経営とも直結する大学の規模をめぐる政策と，1980年以降現在に至る大学政策を各種の答申を踏まえて紹介した後，教育政策の形成メカニズムの変容と課題を提示することで，政策の内容・決定過程の両面から大学政策の展開と変容を学ぶ。
《キーワード》　公共性，審議会答申，政策形成の過程

1. 政府と大学を捉える視点

　歴史的に政府と大学の関係は多元な起源を持つが，金子（1998）は，大学の自律性について，近代国家の下では政府による統制・支持と表裏の関係でしか成立せず，かつ資本主義経済の発展や福祉国家化のプロセスで，両者の関係はより緊密かつ錯綜したものになったとし，わが国の大学も政府統制に反発しつつ，他方でその統制に依存する構造があるとしている。政府と大学は，相互に完全に自律的な存在でもなければ，完全に依存的な存在でもない，アンビバレントな関係にあるといえる。

　公共財とは，非競合性と非排除性の双方あるいは一方を有する概念で，国民の税負担による財で国民全体がその利益を得るものが該当し，私的財は個人の負担による財でその利益も当該個人が得るものを指す（表4-1）。大学の教育は，入学選抜で利用者を排除でき，学生増で便益が減少するなど，公共財とはいい難い面がある一方，研究の場合，公共財

表 4 - 1　財の分類

	排除性	非排除性
競合性	純粋私的財	準公共財（コモンズ）
非競合性	準私的財（クラブ財）	純粋公共財

出所：須賀（2017）162 頁の表 1 に筆者加筆。

的性質は強くなるという（上山　2013）。このように大学は，狭義の純粋公共財とはいえないが，社会全体の共通の要求に照らして供給することが望ましい側面も備えた，公共性を持つ非私的財と位置づけ得る。

　また科学的知識それ自体は公共財の性質を本性的に備えておらず，知識を公共財にするための社会的制度の存在によって，知識は公共財的性質を帯びる（小林　2013）と考えるならば，大学が公共財的性質を帯びるための社会制度設計を政府は行ってきたか，という点から大学と政府の関係を捉えることもできる。以上の大学の公共性をめぐる議論を踏まえると，政府と大学の関係はそもそも多義的で重層的である。

2. 大学の規模をめぐる政策

（1）高等教育計画の策定とその変容

　表 4 - 2 は，1970 年以降の大学の規模と規模をめぐる政策を概括したものである。1970 年代の 2 つの高等教育計画は，18 歳人口が安定的に推移する中，定員超過率の是正や大都市での新増設抑制等を図り，量的抑制と質的充実を目指した。その実効性を担保するため，私立学校振興助成法(1975)を通じた私学へのコントロールと，専修学校制度(1976)を通じた進学需要の吸収も同時に行われた。続いて 18 歳人口が 1992 年にピークを迎えることに対応したのが「昭和 61 年以降の高等教育の計画的整備について」である。一時的な人口増は私学中心の臨時定員増で対

表4-2　大学進学の規模と関連する主要政策

	18歳人口 （万人）	大学 進学率	大学院 進学率	高等教育の規模 に関する主要政策	大卒人口 （単年度： 万人）
1970	195	17%	4%	高等教育の計画的整備について （1976：1976-1980） 高等教育の計画的整備について （1979：1981-1986）	33
1980	158	26%	4%	昭和61年以降の高等教育の計画的 整備について（1984：1986-1992）	41
1990	201	25%	6%	平成5年以降の高等教育の計画的 整備について（1991：1993-2000） 平成12年以降の高等教育の計画的 整備について（1997：2000-2004）	50
2000	151	40%	10%	我が国の高等教育の将来像 （2005：2005-2020）	60
2010	122	51%	13%		62
2018	118	53%	11%	2040年に向けた高等教育のグランドデザイン（2018：2018-2040）	63
2040	88	57%			50

応し，進学率の水準維持や大都市での新増設抑制は継続し，質的充実が目指された。その結果，大学進学率は1970年の17％から1975年には27％まで拡大するが，その後1980年代を通じてほぼ同水準で推移する。

　18歳人口の急減期への対応を迫られた「平成5年以降の高等教育の計画的整備について」では，規模縮小期には計画的な目標設定は不適当とし，3つのケースを想定するにとどめた。この計画で基本方針は質的充実だったが，具体的計画を盛り込まなかったこともあり，答申の提出とほぼ同時に大学進学率は拡大基調に入り，1994年には30％を超え，

2000年には40％に迫る水準に達した。続く「平成12年以降の高等教育の計画的整備について」も，人口減少が見込まれる中で，進学率の急激な変化は望ましくないとし，規模の抑制基調を継続した。また，解消を前提としていた臨時定員についても，私学や受験生に配慮して原則5割まで恒常定員として認める変更を行った。この5年間は引き続き人口減もあり，大学進学率は2004年の42％へと微増で推移した。なお新増設抑制と大都市抑制は，その後「大学の質の保証に係る新たなシステムの構築について」（2002）で撤廃される。

　このように1970年代半ばからの15年間は，18歳人口の安定〜増加期を踏まえた高等教育計画の時代，その後18歳人口の急減が生じる1990年以降の15年間は，高等教育計画の困難・断念の時代だった。加えてこの前半と後半の15年間では，人口動態と規模との関係が全く異なる。人口増加期における規模の維持は抑制つまり大学の質の維持を意味するが，人口減少期における規模の維持は，進学率の上昇を必然的に伴い，大学の質の維持の困難を意味するからである。

（2）将来像の提示と政策誘導へ

　「我が国の高等教育将来像」（2005）は，18歳人口の低位推移と規模の抑制政策の撤廃という状況下で，進学率の規模指標上の有用性は減少し，18歳人口に依拠した政策は終焉したとし，「高等教育計画の策定と各種規制の時代から将来像の提示と政策誘導の時代」への移行を宣言している。その上で，量的側面での需要はほぼ充足したとし，多様な需要に応じたユニバーサル・アクセスの実現を課題に挙げると同時に，経営困難そして存続が不可能な事態に陥る機関の生成を見込んだ対応の必要性にも言及している。2005年に44％であった大学進学率は2009年には50％を超え，2018年現在53％となっている。

　直近の「2040 年に向けた高等教育のグランドデザイン」(2018) は，18 歳人口が 2040 年には 120 万人規模から 88 万人規模まで減少し，大学進学者が現行の 8 割程度まで縮小し，大学進学率は 57％程度まで微増すると見通している。本答申は，「将来像の提示と政策誘導」という従来の方向性を踏襲した上で，18 歳中心主義から多様な学生層の受け入れへの転換も含め，規模・分野の見直しと再構築を求めている。

　表 4 - 2 の右測には，18 歳人口×大学進学率から単年度排出の大卒人口を挙げている。1970 年の 33 万人が 2000 年の 60 万人までほぼ倍増し，さらに 2018 年までは同規模が保たれているが，2040 年推計では 50 万人である。人口減に伴う大卒人口の減少は当然だし，少子化時代に大学が入学定員を維持・拡大したために質の低下が生じ，教育・研究への投資効率化のためにも適正規模の議論が不可欠といわれている。ただし，少子高齢化で生産年齢人口が減少する中，経済面に限定しても個々の生産性向上が重要と考えるなら，そのコアがもはや 18 歳人口のみではないにせよ，大卒人口の一定規模での維持もまた重要である。計画の時代は終わったが，適切な将来像の見通しが従来以上に求められている。

3. 臨教審から大学審，中教審へ
－ 1980 年以降の大学政策

（1）臨時教育審議会

　1983 年に中曽根内閣直属の臨時教育審議会（以下臨教審）が設置される。臨教審は 4 部会構成で，第 1 部会は「21 世紀を展望した教育の在り方」，第 2 部会は「社会の教育諸機能の活性化」，第 3 部会は「初等中等教育の改革」，そして第 4 部会が「高等教育の改革」を審議課題とし，1985 年〜 87 年にかけて 4 次にわたる答申を行うが，総理府（2001 年の省庁再編で後の内閣府）設置の内閣総理大臣の諮問会議であったことか

ら，予算編成を含め内閣全体による対応を前提としていた。

　その基本路線は，生涯学習体系へと移行する中で，個性重視と変化への対応を求めており，学歴社会の弊害の是正，大学入学者選抜の改革，大学入学資格の自由化・弾力化，教員免許制度の弾力化，大学設置基準の大綱化，高等教育機関の多様化と連携，大学院教育の充実と改革，ユニバーシティ・カウンシルの創設，秋入学制度等について提言がなされた。臨教審でユニバーシティ・カウンシルは，わが国の高等教育の在り方を基本的に審議し，大学に必要な助言や援助を提供し，文部大臣に勧告権を持つ恒常的な機関として創設を提言されており，これを受け1987年の学校教育法改正で文部省に大学審議会（1987-1998）が設置された。

（2）大学審議会

　大学審議会（以下大学審）は，臨教審が打ち出した方向性を受け精力的に活動する（表4－3）。中でも「大学教育の改善について」（1991）は大きなインパクトを持ち，大学設置基準制定以来の大幅な改正が行われた。具体的には，多様で特色ある教育課程の編成を促すため，一般教育と専門教育の科目区分の廃止など，大学教育の基本的枠組みを定めた基準を大綱化し，大学が自らの責任で教育・研究の改善をしていくため，新たに自己点検・評価システムも導入した。本答申は，学部段階の教育をターゲットとした，マス化対応の自由化による教育改革構想を打ち出した（天野　2013）ものだった。また，同年の「学位制度の見直し及び大学院の評価について」により，高等教育での多様な学習成果を評価し学位授与を行う学位授与機構（現大学改革支援・学位授与機構）が設置された。

　その後，大学教育の改善が不徹底だとする「高等教育の一層の改善に

表 4 - 3　主要な大学審議会答申

1988	大学院制度の弾力化について
1991	学位制度の見直し及び大学院の評価について
	大学教育の改善について
	短期大学教育の改善について
	高等専門学校教育の改善について
	学位授与機関の創設について
	平成 5 年度以降の高等教育の計画的整備について
	大学院の整備充実について
	大学院の量的整備について
1993	夜間に教育を行う博士課程等について
1994	教員採用の改善について
1995	大学運営の円滑化について
1996	大学教員の任期制について
1997	平成 12 年度以降の高等教育の将来構想について
	高等教育の一層の改善について
1998	21 世紀の大学像と今後の改革方策について －競争的環境の中で個性が輝く大学－
2000	大学入試の改善について
	グローバル化時代に求められる高等教育の在り方について

ついて」（1997）を経て，「21 世紀の大学像と今後の改革方策について」
（1998）が出される。この答申は，個性化を通じた大学の多様化や機能
分化を打ち出したもので，課題探求能力の育成，成績評価の厳格化や履
修科目登録の上限設定，それらを促す FD（Faculty Development）の
実施等を提言した。また「グローバル化時代に求められる高等教育の在
り方について」（2000）は，グローバル人材の育成や学生・教員の流動化，
国際通用性のある教育・研究や運営体制を提言した。大学審は 2001 年
の行政改革の一環で廃止され，その後は中央教育審議会の大学分科会と

して引き継がれることとなる。

（3）中央教育審議会

　現在の中央教育審議会（以下中教審）は，中央省庁等改革の一環として，従来の中教審を母体としつつ，生涯学習審議会，理科教育及び産業教育審議会，教育課程審議会，教育職員養成審議会，大学審議会，保健体育審議会の機能を整理・統合し，2001年に文部科学省に設置され，教育制度分科会，生涯学習分科会，初等中等教育分科会，大学分科会が置かれている。表4‐4は大学に関わりの深い主立った答申を示している。

　「新しい時代における教養教育の在り方について」（2002）は，設置基準の大綱化を契機に軽視が懸念された教養教育の充実を謳い，同年の「大学院における高度専門職業人養成について」を受けて，専門職大学院制度が創設された。「学士課程教育の構築に向けて」（2008）はAP（アドミッション・ポリシー），CP（カリキュラム・ポリシー），DP（ディプロマ・ポリシー）という3つのポリシーを通じた教学マネジメントの確立や，学士課程教育の学習成果として学士力を提言し，「新たな未来を築くための大学教育の質的転換に向けて」（2012）では，学習成果の基盤となる学習時間の短さを指摘し，アクティブ・ラーニングなど教授学習法の転換も含めた学習プロセスの充実を提言した。また「新しい時代にふさわしい高大接続の実現に向けた高等学校教育，大学教育，大学入学者選抜の一体的改革について」（2014）を受け，2020年度から大学入学共通テストが実施されることとなっている。

　「我が国の高等教育の将来像」（2005）を以て制度改革は終わり，以降の答申は大学の自主的な経営戦略と自力での教育・研究の活性化を求めているとし，それは政府ではなく大学経営の問題と指摘したのは矢野（2018）だが，1991年の設置基準の大綱化以降，ボールは大学側に投げ

られていた。当時は 18 歳人口の急減が始まり高等教育計画の断念もあり大学進学率が急増するが，国立大学は教養部組織の改編という制度対応に，私立大学は短期大学の吸収・昇格も含め多様な名称を関する学部を設置するが，学生の急激な変化に追われ，学習の過程や成果を見据えた学士課程教育の改革は立ち遅れる。以降，本来大学マターである教育の実質的な内容・方法・仕組みの変革に関わる答申が提出されるが，入口への対応が出口への対応と一致するとは限らない。出口重視の答申は，新たな変化に注目しがちで理想論を掲げやすく，出口に端を発した入口の答申もまた，同様の特質を帯びがちである。そのぶん答申の筋は通っているが，実質化という点では矛盾も孕む。入口と出口の双方に対応を迫られている大学が，答申への対応で継ぎはぎの改革に終始するか，大学経営の問題として地に足の着いた改革を進めるかが問われている。

表 4 - 4　2001 年以降の主要な中央教育審議会答申

2002	大学院における高度専門職業人養成について
	大学の質の保証に係る新たなシステムの構築について
	新しい時代における教養教育の在り方について
	大学等における社会人受入れの推進方策について
2003	新たな留学生政策の展開について
2005	新時代の大学院教育－国際的に魅力ある大学院教育の構築に向けて－
	我が国の高等教育の将来像
2008	学士課程教育の構築に向けて
2011	グローバル化社会の大学院教育－世界の多様な分野で大学院修了者が活躍するために－
	今後の学校におけるキャリア教育・職業教育の在り方について
2012	新たな未来を築くための大学教育の質的転換に向けて－生涯学び続け，主体的に考える力を育成する大学へ－
2014	新しい時代にふさわしい高大接続の実現に向けた高等学校教育，大学教育，大学入学者選抜の一体的改革について
2016	個人の能力と可能性を開花させ，全員参加による課題解決社会を実現するための教育の多様化と質保証の在り方について
2018	2040 年に向けた高等教育のグランドデザイン

4. 教育政策の決定をめぐる力学の変遷

（1） 官僚主導から政治主導へ

　高等教育政策に限らず，わが国の教育政策の決定メカニズムは20世紀から21世紀にかけて大きく変容する。主として小川（2015）に依拠しながらその実態と変容を概観すれば，以下のように整理される。

　戦後長らく続いた自民党中心の政権下では，制度上の法案提出権は内閣にあるものの，党における政策の調整・承認組織として，総務会と政務調査会の果たす役割が大きかった。政務調査会が各行政分野の政策や法案・予算案を審議し取りまとめ，それを受けて総務会が法案・予算案の最終的承認を行う仕組みである。この政務調査会の下には省庁対応組織が個別に設けられ，対文部科学省でいえば文部科学部会や文教制度調査会が該当する。文部科学部会所属の議員は文教族と呼ばれ，かつての自民党の教育政策は，この文教族が中心に担っていた。また部会には文部科学省から局長や審議官等も出席し調整・合意がなされるなど，政権与党と担当省庁との一体的かつ縦割りの政策立案が行われていた。

　しかし，この自民党と個別中央官庁とのいわば運命共同体的な仕組みには，「各省庁の縦割と，自らの所管領域には他省庁の口出しを許さぬという専権的・領土不可侵的所掌システムによる全体調整機能の不全」（1997　行政改革会議最終報告）という課題もあった。そこで生み出されたのが，内閣機能の強化と総理大臣の指導性を高めるための「内閣府・総務省体制」（今村　1999）である。従来の調整・合意に基づく積み上げ型の政策過程は，1990年代の政治改革と2001年の中央省庁再編を経て，内閣主導型へと変容する。族議員と省庁との結合に支えられた官僚主導から，内閣機能の強化に支えられた政治主導への転換である。その結果，内閣府下の会議で提案される教育政策が，従来は存在していた調

整・合意という手続を経ずに内閣決定となることで，文部科学省は政策調整の主導権をグリップすることが困難になっている。内閣府下の各会議への省庁からの出席メンバーが，いわゆる経済官庁で占められることになったことも，教育政策に対する文部科学省の受動的な対応に拍車をかけることになった。

（2）政策形成の分立と統合

　萩原（2008）は，国家行政組織法の第 2 条「国家行政組織は，内閣の統轄の下に，内閣府の組織とともに，任務及びこれを達成するため必要となる明確な範囲の所掌事務を有する行政機関の全体によって，系統的に構成されなければならない」を引き，「内閣の統括」が統合，「明確な範囲の所掌事務を有する行政機関」が分立に該当し，教育行政組織と他の中央政府組織との関係を分立と統合という観点から捉えている。官僚主導から政治主導の流れは，この分立と統合の観点からも整理できる。

　すなわち統合は調整的な性質を含むものであって，この調整には水平的調整と垂直的調整とが想定される。政治主導への転換は，省庁間の分立の弊害を克服し水平的な調整を目指した動き，そして内閣が各省庁との垂直的調整において主導権を握ることを企図した動きと捉えることができる。こうした近年の政策形成の文脈を踏まえるならば，教育政策のプランに関しても，それが統合・調整される場である内閣府下の会議において，他の省庁との政策プラン競争で優位に立つことや，場合によっては他の省庁と連携した提案も求められるようになっている。

　教育行政の自立性や大学の自治・自由の重要性は論を俟たないが，現代の教育政策は，教育という事象・営みを，教育という文脈を超えた社会経済構造の変化やそこでの課題を踏まえたメタレベルのストーリーの中に位置づけなければ，説得性を得て支持され採択されることが困難に

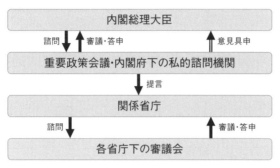

図4-1 教育政策形成過程のイメージ

なっている。その意味では，元来は対立軸として捉えられてきた，政府の介入を最小限に抑え，所得の平等化にも否定的な経済的自由主義と，政府の積極的な介入を支持し，所得の平等化に肯定的な社会的自由主義の間の，あるいは両者が掲げる社会観をめぐる相克も，熟議を経て正解や最適解ではないものの，納得解に至ることも重要となっている。

　2012年発足の第2次安倍政権は，経済と教育の再生を掲げ，内閣主導の改革を強力に推進している。後述する教育再生実行会議の設置はその典型例ともいえ，教育に関わる課題設定や改革方向の基本を，内閣府下の会議体で決定し，その実現に向けた内容・制度設計は文部科学省に委ねるという方法を採用している。現在の政策形成過程を模式的に示すならば図4-1のように描ける。

5. 内閣府下の諮問機関の機能と中間団体の役割

　諮問機関は，国の行政機関の一種を指し，行政庁の意思決定に際して，専門的立場から調査・審議を行う合議制の機関で，政策形成や法律立案に対して，大きな影響力を持つ。諮問機関には，審議会等と私的諮問機関とがある。審議会等は，国家行政組織法や内閣府設置法の規定に基づ

き，法律又は政令で設置される。これに対し私的諮問機関は，法令上の
設置根拠を持たず，閣議決定や大臣等の決裁のみで開催されるものをい
う。審議会等は政策形成の後半を，私的諮問機関は政策形成の前半を担
うことが多いといわれる（西川　2007）。

（1）重要政策会議

　重要政策会議は，内閣府設置法に基づき設定される重要政策に関する
会議であり，内閣府設置法の第 18 条では，経済財政諮問会議と総合科
学技術・イノベーション会議の設置を規定している。

　経済財政諮問会議は，経済財政政策に関する重要事項について，有識
者の優れた識見や知識を活用しつつ，内閣総理大臣のリーダーシップを
十全に発揮することを目的として，内閣府に設定された合議制機関であ
る。議長は総理大臣，議員は官房長官，経済財政担当大臣，総務大臣，
財務大臣，経産大臣，日銀総裁，民間議員（財界からと学者）で構成さ
れ，学者は経済学者やエコノミストが選ばれている。

　教育再生は，経済財政諮問会議が掲げる重点課題「経済再生の進展・
中長期の発展」の中に位置づけられている。毎年定めている「経済財政
運営と改革の基本方針」の 2018 年版では，人づくり革命の実現と拡大
の項目で，高等教育の無償化として，住民税非課税世帯の授業料免除，
生活費の給付型奨学金として支給等，大学改革として，各校の役割・機
能の明確化と連携・統合の促進を挙げている。

　総合科学技術会議は，内閣総理大臣のリーダーシップの下，科学技術・
イノベーション政策の推進のための司令塔として，わが国全体の科学技
術を俯瞰し，総合的かつ基本的な政策の企画立案及び総合調整を行い，
2014 年から名称を総合科学技術・イノベーション会議と変更している。
5 年ごとの科学技術基本計画も，内閣総理大臣が同会議に諮問し，その

答申に基づいて閣議決定される。

　例えば「統合イノベーション戦略 2018」では，2023 年度までに「研究大学における外部理事を複数登用する法人数を 2017 年度の水準から倍増」「研究大学の 40 歳未満の本務教員割合を 3 割以上」「研究大学の教員 1 人当たりの論文数・総論文数を増やしつつ，総論文数に占める Top10％補正論文数の割合を 12％以上」等の実現を掲げている。またそのための施策として「一法人複数大学経営を可能とする国立大学法人法の改正」「大学ガバナンスコードの策定」「民間資金獲得等に応じた運営費交付金の配分」「国立大学教員の年俸制の拡大」「クロスアポイントメント制度の積極的活用」「科研費等の若手への重点化」等を挙げている。

（2）私的諮問機関

　これに対し私的諮問機関には懇談会，研究会，検討会議等があり，閣議決定や大臣等の決裁で開催され，法的に情報公開を求められていないため，設立・廃止も頻繁でその全体像をつかむことは難しいとされている。

　教育再生実行会議は 2013 年の閣議決定を経て設置された私的諮問機関で，「21 世紀の日本にふさわしい教育体制を構築し，教育の再生を実行に移していくため，内閣の最重要課題の一つとして教育改革を推進する必要」から開催され，これまで第十次提言まで行っている（表 4-5）。事務局の担当室は文部科学省に置かれている。例えば，スーパーグローバル大学創設の支援，指定国立大学法人制度，大学教育再生加速プログラムやガバナンス改革としての学校教育法の改正等は三次，高大接続入試改革としての大学入学共通テストや 3 ポリシーの策定等は四次，専門職大学の制度化等は五次，職業力実践育成プログラム（BP）や東京 23 区の大学等における定員増抑制は六次，卓越大学院プログラ

表 4-5　教育再生実行会議の提言

2013	第一次提言	いじめの問題等への対応について
	第二次提言	教育委員会制度等の在り方について
	第三次提言	これからの大学教育の等の在り方について
	第四次提言	高等学校教育と大学教育との接続・大学入学者選抜の在り方について
2014	第五次提言	今後の学制等の在り方について
2015	第六次提言	「学び続ける」社会，全員参加型社会，地方創生を実現する教育の在り方について
	第七次提言	これからの時代に求められる資質・能力と，それを培う教育，教師の在り方について
	第八次提言	教育立国実現のための教育投資・教育財源の在り方について
2016	第九次提言	全ての子供たちの能力を伸ばし可能性を開花させる教育へ
2017	第十次提言	自己肯定感を高め，自らの手で未来を切り拓く子供を育む教育の実現に向けた，学校，家庭，地域の教育力の向上

ムは七次，給付型奨学金の実施等の教育費負担軽減は八次，の各提言を受けた，あるいは関わりのある取組みである。

　なお，日本経済再生本部（2012 年に閣議決定で設置）の下に，2016年に未来投資会議が設置された。未来投資会議は，従来の産業競争力会議と未来投資に向けた官民対話を引き継ぐもので，こちらも私的諮問機関ながら経済政策に対し主導的役割を果たしている。例えば「未来投資戦略 2018」では，理工横断型プログラムの実現に向けた設置基準の改正や，民間資金の獲得に応じた運営費交付金配分，若手研究者の活躍機会増大のために年俸制の拡大や業績に応じた給与決定等，大学に関わる言及も多い。このように現在，内閣総理大臣の意向を強く反映した私的諮問機関が大学政策にも大きな影響力を及ぼすようになっているが，果たして意見交換の場に過ぎないのか，関係省庁の思惑どおりの結論を出

すようになっていないか，法令上の設置根拠がないにもかかわらず実質的な取りまとめ機関となっていないか，等の批判や課題も指摘されている。

（3）政府と大学の中間に位置する大学団体

　大学に所属する個人や個別の大学機関では，その意向を反映させたり，問題・課題のある政策に対峙したりすることには困難や限界もあることから，政府と大学の中間に位置する大学団体が果たす役割は大きい。大学団体は，両者の調整的役割を果たしたり，会員の利益を反映させようとしたり，各種の調査研究を行うなど，多面的な機能を有する。わが国には国立大学協会，公立大学協会，私立大学連盟，私立大学協会など，設置者別の大学団体が存在し，政策に対する提言等を行っているが，アメリカの ACE（American Council on Education），AAU（Association of American University）やイギリスの UUK（Universities UK）のように，大学全体の利益を代表する団体が存在せず，同一設置者内の団体内部でも合意形成が困難な状況も生まれている。

　もちろん現在，大学だけでも 700 以上あり，その役割や機能，置かれた経営的課題も一様ではない。しかしだからこそ，一部の大学や大学群を想定した政策になっていないか，むしろ大学システム全体を損なう政策になっていないか，といった観点からの政策評価，あるいは大学全体の利益に適う政策提言の必要性はむしろ増している。設置形態や大学の機能特性を超えて，大学システムのありようを考えたり，大学の公共性を担保・促進する政策を推進したりする上でも，こうした中間団体が果たす役割への期待は大きい。

学習課題

1．公共性という観点で考えた場合，政府の支援・提言と大学の自律性についてどのように考えられるか述べなさい。
2．本章は，1970 年代半ば以降の大学政策を概説したが，それ以前の主要な大学政策を取り上げ，その背景・特徴・影響を考察しなさい。
3．個別大学の各種のマネジメントを考える際，文部科学省や内閣府の政策の影響やそれへの対応の仕方について，自分の考えを述べなさい。

参考・引用文献

- 天野郁夫（2013）『大学改革を問い直す』慶應義塾大学出版会
- 萩原克男（2008）「現代教育行政の分化と統合」『日本教育行政学会年報』34, 19-39 頁
- 羽田貴史（研究代表）（2008）『高等教育の市場化における大学団体の役割と課題』（科学研究費補助金研究報告書）
- 今村都南雄（1999）「中央政府の行政改革」『年報行政研究』34, 24-41 頁
- 金子元久（1998）「政府と大学」『変貌する高等教育』岩波書店, 132-153 頁
- 小林傳司（2013）「序論―知の変容と大学の公共性」『研究する大学』岩波書店, 1-34 頁
- 西川明子（2007）「審議会等・私的諮問機関の現状と論点」『レファレンス』2007. 5, 59-73 頁
- 小川正人（2015）「国の教育行政機関と教育改革の政治過程」小川正人・岩永雅也編著『日本の教育改革』放送大学教育振興会, 27-42 頁
- 須賀晃一（2017）「経済学と公共性」山岡龍一・齋藤純一編著『公共哲学』放送大学教育振興会, 160-181 頁
- 上山隆大（2013）「序論―高等教育における「公」の境界」『大学とコスト』岩波書店, 1-15 頁
- 矢野眞和「高等教育政策の特質」東京大学大学経営・政策コース編『大学経営・政策入門』東信堂, 39-59 頁

5 | 大学の戦略とガバナンス

両角　亜希子

《**目標＆ポイント**》　大学改革を行っていく際には，個別大学の戦略が重要になっていることを提示した上で，それを可能とする設置者別のガバナンスの形態やトップの選出方法，リーダーシップのあり方について考える。
《**キーワード**》　大学改革，戦略，中長期計画，ガバナンス，リーダーシップ，学長選挙

1. 戦略と改革

　クラーク（1983）は，高等教育システムの力学について，国家・市場・大学寡頭制のトライアングルモデルで捉えたが，かつての高等教育システムでは，一方で，国家のレベルの制度や政策が高等教育システム全体に与える影響が大きく，他方で，教育研究については大学教授団の影響力が大きかった。教授団の影響力の強さは，大学の運営は大学自身が決めるという大学自治であり，先進諸国に共通する原則である。日本で大学の自治は憲法が保障する学問の自由（23条）の制度的保障であると位置づけられ，教育研究の自由が学問の自由の中核で，それを保証するのが大学の自治と認められている。日本の大学自治の原型は，戦前の東京－京都の両帝国大学で形成された強固な学部教授会自治で，教授側の要求を設置者である政府が容認する形で形成されてきた。
　1980年代半ばごろから，様々な部門で，ニューパブリックマネジメントの考え方，具体的には政府部門の規制緩和や民営化の動きが広がっ

てきたが，大学も影響を受けてきた。また，より本質的な変化として，大学の役割も複雑化・多様化しており，政府が大学へのニーズを読み取って支援するモデルの限界に直面する中で，必然的に，個々の大学の戦略が重要になってきた。望ましい大学改革のあり方は大学によって異なっており，大学自身がそうしたビジョンを描き，実現していくことが必須である。大学において，中長期計画，いわゆる戦略的計画を重視するようになっており，そうした戦略を実現していく上で，それを可能とする体制の整備が求められ，ヨーロッパ諸国を皮切りに，多くの国で大学が自主的・自律的に運営できるように，ガバナンス改革が行われてきた。2004 年に行われた国立大学の法人化はまさにこうした文脈の中に位置づけられ，国立大学法人で中期目標・中期計画が義務づけられているのもそうした背景によるものである。また，2018 年度から始まった第 3期認証評価では，内部質保証システムの実質化，いわゆる PDCA サイクル等が適切に機能しているかという観点が導入されたが，策定した戦略計画の着実の実行と改革の実現を重視する文脈の中での変化として位置づけられる。

　2018 年 11 月に中央教育審議会（以下中教審）答申「2040 年に向けた高等教育のグランドデザイン」が出された。2040 年の 18 歳人口は 88万人（現在の 7 割程度）になり，今後さらに経営環境が厳しさを増すことを指摘されたが，そうした変化を見越して，入学者の確保への手段を講ずるか，組織の規模を縮小するか，統廃合するかなど，それぞれの大学が分析し，戦略的に選びとることが一層必要になる。これまでも経営環境が厳しさを増す中で，中長期計画を策定する私立大学も急速に増えてきたが（篠田　2010），2020 年に私立学校法を改正し，認証評価の結果を踏まえて事業に関する中期的な計画等を作成することが決まり，私立大学でも中期計画の策定が義務化することになる。

　なお，市場の力学が強く働いているといわれるアメリカにおいても，大学経営の専門人材が配置され，企業経営を範とした経営手法が導入されるなどの積極経営論が導入されたのは1970年代後半で，政府補助の削減や18歳人口減少などの強い危機感が転機であった。競争の激化が大学経営を発展させたといえるが，日本では自主性・自律性の改革の重要性が指摘されながらも，その強化が今なお政策的に行われている。

　いずれの設置形態の大学でも自主努力による主体的で効率的な大学経営が目指され，それが可能となるガバナンス制度のあり方に関心が高まっている。以下では，設置形態ごとに異なるガバナンスの特徴について概観する。本章では，現在の日本における状況のみを概説するので，諸外国の状況などについては，江原・杉本（2005），両角（2018），大森（2018）などもあわせて参照されたい。

2. ガバナンスの形態

（1）国立大学のガバナンス形態

　国立大学は2004年に一斉に法人化した。国立大学法人法の規定から，現在のガバナンスの概要を図5-1に示した。それ以前は文部科学省の内部組織として位置づけられていたが，国の組織から独立した法人格を持つようになった。大学の意見を聞いて文部科学大臣が中期目標を制定し，大学は中期計画を策定して6年ごとに国による法人評価を受けて，その達成度により財政配分をするという契約の関係性になった。国立大学法人制度は，独立行政法人制度を参考に作られたが，独立行政法人制度では，法人の長の任命や中期目標は担当の大臣が自由に決める仕組みとなっているが，国立大学法人制度では，学長の任命や中期目標の作成に大学の意見が十分反映される仕組みを導入している。評価についても，大学の教育研究の評価を行う専門機関である「大学評価・学位授与機構」

や，独立行政法人評価委員会とは別に置かれる「国立大学法人評価委員会」で行うなど，大学の自主性・自律性を配慮している。

　機関としての自律性を高めるために，学長の権限が強化された。学長が教学と経営の双方に権限を持ち，教学と経営の一体的化が目指されている。国立大学法人法では，学長が意思決定機関であり，代表機関であり，業務執行の総括機関であり，学長の意思決定と行動を法的に拘束する学内機関は存在していない。国際的にみても形式上，これほどに学長に権限を与えている国は他にない。学外者の経営参画も法人化後の仕組みのポイントの 1 つで，理事のうち 1 名は学外者，経営協議会の過半数が学外者であることが定められている。

　しかし，次第に当初の制度設計とは異なり，政府の影響力はむしろ強まり，大学の自主性が損なわれているという指摘もなされている（田中・佐藤・田原　2018）。また，国立大学は一法人一大学制度でそれ以外のあり方を認めてこなかったが，2020 年からは一法人複数大学制度が可

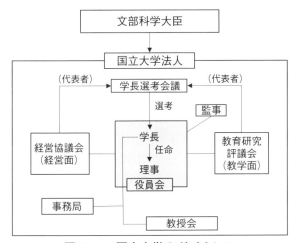

図 5-1　国立大学のガバナンス

能となるように学校教育法が改正される予定である。国立大学法人制度のあり方についての再評価と根本的な議論が必要になっているように思われる。

（2）公立大学のガバナンス形態

　国立大学は全大学が例外なく，法人化したのに対して，公立大学では法人化するかどうかも地方公共団体の選択に委ねられている（図5 - 2）。法人化する場合の根拠法令は，地方独立行政法人法（第七章 公立大学法人に関する特例）であるが，具体的な法人の組織運営等は，地方公共団体の裁量に委ねる弾力的な制度設計が可能である。法人の設立は，議会の議決を経て定款を「総務大臣及び文部科学大臣」が認可する仕組みとなっている。法人化が制度的に可能となった2004年に法人化したのは1校のみだったが，その後増加し，2018年4月時点では80大学（74法人）が法人化している。

　法人化した場合のガバナンスの大枠は国立大学と類似しているが，理事長と学長を別に置くことができるほか，一法人が複数大学を設置することも可能となっている点で異なっている。また，国立大学では国立大学法人評価委員会が法人評価を行うが，公立大学法人では設立団体ごとに置かれる地方独立行政法人評価委員会が行う。このように，公立大学法人の運営については，自治体の対応が多様であり，自治体・法人間で議論を進め，何らかの運営指針を定めていく必要がある点に特徴がある。設置自治体と一言でいっても，都道府県レベルから市町村等の基礎自治体レベルまで様々であり，それぞれの強みや課題も異なっている多様さがあることを理解しておく必要がある。

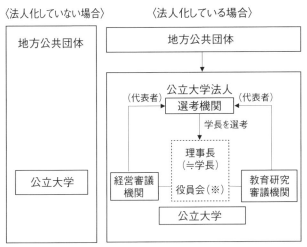

〈法人化していない場合〉　　〈法人化している場合〉

※役員会は地方公共団体の判断（定款に規定）等で設置可能。
　理事長＝学長が原則だが，別人でも構わない。

図 5-2　公立大学のガバナンス

（3）私立大学のガバナンス形態

　私立大学では，設置者である学校法人と大学が組織的に分離しており，依拠する法律もそれぞれ私立学校法と学校教育法に分かれている。2004年の私立学校法改正以降は，私立大学の最終意思決定機関は理事会，諮問機関は評議員会と位置づけられているが，学校法人の判断で，評議員会を議決機関とすることも可能となっている。私立大学の公共性を担保することが制度設計上，重視されており，理事の数の設定，評議員会の必置，監事の存在などが特徴であるが，それぞれの大学の創設・発展の経緯等を考慮して，法的な規定は総じて緩やかであるため，大学によってガバナンスの形態はきわめて多様である。それぞれの学校法人のガバナンス体制の規定は，寄付行為（会社の定款に相当）を見ることで把握できる（ただし，残念ながら公表されていないケースが多い）。日本私

立学校振興・共済事業団（2015）の調査によると，理事長と学長が兼任することも認められており，約21％が同一人物となっている。また，理事長の39％が創設者やその親族で，いわゆるオーナー系の私立大学が一定存在しているが，同族経営を禁止するため「役員に配偶者又は三親等以内の親族が一人を超えて含まれてならない」という規定がある。このように公共性を重視した制度設計はしているが，私立大学の不祥事が社会問題になることも少なくない。2020年に予定されている私立学校法の一部改正で，監事の牽制機能の強化等，役員の職務及び責任に関する規定が整備されるなど，さらに公益性を高める制度に改正することになっているが，多様なガバナンス形態は認めた上で，望ましいガバナンスのあり方のガイドライン（ガバナンスコード）を作成する動きも大学団体等で始まっている。

　以上は大学内でのガバナンスに関する特徴であるが，大学と政府の関係についても簡単に触れておく。私立大学の自主性が重視されており，できる限り行政介入を排除する制度設計になっている点に特徴がある。しかし，18歳人口が減少し，私立大学の経営危機が問題になる中で，政府が私立大学に対する統制手段を十分に持っていないことが次第に問題視されるようになってきた。そこで，2002年の学校教育法改正で，教育面での段階的な是正勧告が可能となり，運営がきわめて不適切で解散命令が出された堀越学園事件をきっかけに，2014年の私立学校法改正で，理事の忠実義務が規定され，措置命令や役員の解任勧告が可能となった。法令違反や不適切な運営のケースだけでなく，2019年度から，少子化などで経営悪化が深刻な私立大学を運営する学校法人に対して新たな財務指標（「経常収支が3年連続赤字」「借入金が預貯金などの資産より多い」）を用いて指導し，改善しない場合は募集停止や法人解散など撤退を含めた対策を促す方針を決めた。政府は私立大学の自主性を尊

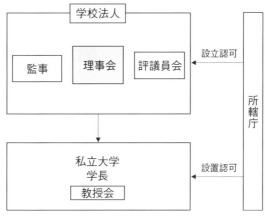

図5-3　私立大学のガバナンス

重しながらも，経営改善を求める手段を持つように近年少しずつ変化してきた。

3. トップの選出と権限

（1）トップの選出方法

　歴史をさかのぼると，学長の役割が，組合（ギルド）の長としての役割であったときには，「対等なるものの筆頭」を学長（Rector）として全員参加の選挙で選出していた。同僚制組織の中での単なる同僚教員の代表者である学長に経営手腕は求められていなかったが，大学に改革が求められる中で，学長に求められる役割も「最高経営責任者 CEO」となり，経営者としての学長は President と呼ばれるようになっていった。

　諸外国でもこうした変化の中で，学長の選ばれ方も変化してきた。アメリカやイギリスでは，理事会がサーチ会社などを利用して学長を選ぶケースも多いし，ヨーロッパの大学の多くも学長選挙を廃止した。日本では諸外国と比べると変化は小さいが，一定の変化は起こりつつある。

　国立大学において，学長の選考は，学長選考委員会で行われることが国立大学法人法で定められている。経営協議会と教育研究評議会から同人数選ばれた委員で構成される委員会で，「人格が高潔で，学識が優れ，かつ，大学における教育研究活動を適切かつ効果的に運営することができる能力を有する者」から選ぶことになっている。法人化前は，学長は選挙で選考されてきた。医学部や工学部出身者が交代で学長となる大学が多かったのも，部局の規模の大きさが選挙結果に影響を与えていたからである。法人化後も，求めるべき学長像を明示した上で公募し，学長選考会議の参考とするために，法で定めのない意向投票をあえて行う大学が多い。国立大学協会(2017)によると，教職員の意向投票については，「実施しない」と回答した大学は11大学であるが，実施すると回答した大学においても，従来の「意向投票」と異なり学内の意向を調査・確認する手続きであって，最終的な選考の責任と権限は学長選考会議にあることを明確にしており，実際に意向投票で1位以外の人物が学長に選ばれることも少なくない。さらに，所信表明・ヒアリング・公開討論など，候補者の大学運営に関する考え方を確認し，構成員に周知する仕組みも整備されてきたし，学外公募を積極的に実施する大学もある。

　公立大学の場合，法令上は，法人化した大学の場合は国立大学と基本的に同じで（地方独立行政法人法第71条），法人化していない大学の場合は，評議会の議に基づき学長の定める基準により，評議会が行う（教育公務員特例法第3条2項）ことになっている。多くの国立大学のように学長選挙と選考会議を経て決定する方法，選考会議の議のみで決定する方法，学内選挙の結果に従って決定する方法など，それぞれの自治体の判断で，様々な選考方法がとられている。

　私立大学の場合，学長選考に係わる法令上の規定は特に設けられておらず，それぞれの学校法人の判断により多様である。日本私立学校振興・

共済事業団（2015）によると，学長選考方法（複数回答）は，選考委員会による選出（51％），理事会による指名（42％），選挙による選出（36％），その他（12％）となっているが，特に2014年の学校教育法改正などを契機として，学長選挙を廃止する大学も増えている。2012年に経済同友会が「私立大学のガバナンス改革」案を示したが，学長や理事長がトップの判断で新しい取り組みや改革が実現できない組織的な原因があるとして，学長選挙・学部長選挙を廃止することやそれを私立学校法に学長選考方法を明記することなどを提言した。私立大学のガバナンスは非常に多様で，中には理事長が強力な権限を持ちすぎるワンマン経営が課題になっている大学も多く，選挙を廃止すればよいと一概に言い切れない難しさがあるが，社員の選挙で社長を決める会社がないので，組織の長を選挙で選ぶ大学のあり方が，社会からは理解しづらく，批判の対象になることも少なくない。

（2）学長の権限強化

　上述のように，大学の伝統や創設以来の経緯などから学長の選出方法や教授会の影響力は大学によってかなり異なる。しかし，機関としての行動・戦略が重視される中で，組織の長である学長の役割に対する期待が高まり，その文脈の中で，学長の権限を法律で一律的に強化してきた。国立大学法人の設計において学長に強大な権限を与えたのはその典型である。2014年には学校教育法の一部が改正され，学長補佐体制の強化のために，副学長の職務規定が改められ，教授会の役割は明確化・限定化されることになった。また，学長裁量経費として使える予算の配分，補助要件として一定のガバナンス改革を求めるなど，制度改正や予算措置などの政策を通じて学長の権限強化が推し進められている。

　国立大学法人の場合は，学長が教学と経営のトップを兼ねているが，

公立大学や私立大学では，理事長と学長が別人のケースもあり，理事長のリーダーシップと学長のリーダーシップの関係性をどのように捉えればよいのかも課題となっている。いうまでもなく，理事会（理事長）＝経営，大学（学長）＝教学という単純な話ではなく，現実には分離しがたい大学の重要課題が多い。例えば，どのような教員を何人雇用するのか，どのような学生を何人まで入学させるのか，どのような授業をどれくらい開講するかなどは，いずれも経営と教学にまたがる問題である。どのようなガバナンス形態をとっているにせよ，教学と経営を実質的に一体的に運営されるよう学内をリードしていくことが重要である。

学長に求められる役割や業務は対外的なもの，対内的なものも含めて，非常に多くなっており，学長は対外的な役割に限定し，学内的な役割は，アメリカの大学で広く普及しているプロボスト（Provost = Chief Academic Officer：学術面や予算などアカデミック部門全般にわたり広汎な権限を有する職）を配置して適切な役割分担を図る必要性についても議論がされており，実際に例えば京都大学では指定国立大学でプロボスト制を導入している。

学長などのトップの選出方法については，様々な議論もあるし，実際に変化も起きつつあるが，政策主導で学長の権限強化も行われてきたことによって，各種意識調査の結果をみると，近年，学長の影響力が大きくなったという評価がなされている。

4. リーダーシップと調整

（1）学長補佐体制の充実

学長のリーダーシップを重視する政策の流れの中で，それを発揮できるための体制を整備するために，運営会議，副学長，学長補佐，学長企画室，IR（Institutional Research：機関情報分析）室（小林・山田　2015）

の設置などを設置することが促され，実際にそうした動きは広がっている。諸外国の大学においても，学長個人の権限のみが強化されるというよりも，トップマネジメントチームを作り，機能させることに力点が置かれている。

　例えば，IR 事業について，国立大学では，文部科学省が出す政策文書（「国立大学改革プラン（2013 年）」や「国立大学経営力戦略（2015 年）」の中でその必要性が強調され，第 3 期中期計画では多くの国立大学が IR 事業について記載をしている。国立大学協会（2017）の調査によると，学長を支える組織として，78 大学で学長直属の企画立案組織を整備し，39 大学で IR 機能を有する組織を整備しており，急速に普及しつつある。私立大学については，大学の 84.9%，短期大学の 67.4% が学長のサポート体制を常設しており，その内訳をみると「副学長のみのサポート体制」（大学 30.8%，短期大学 40.1%）が最も多く，次いで「副学長と学長室等によるサポート体制」（大学 21.2%，短期大学 13.0%）となっている（私立大学進行・共済事業団　2015）。大学の規模等によって具体的な体制のあり方は異なるが，こうした機能が重視され，整備が急速に進んでいる。自発的な動きから，というだけでなく，全私立大学が対象の補助事業の「私立大学等改革総合支援事業」で「IR 専門部署の設置・専属の専任教職員の配置」の配点が大きく，政策誘導的に設置が進められてきた面もある。

（2）リーダーシップの多様性

　組織運営は明文化された制度や規則の影響も大きい一方で，様々な慣習や価値観によって規定されている面も大きい。一連の政策を通じて，学長の権限を強化し，補佐・支援体制を充実させることも重要であるが，リーダーシップとは本来，リーダーとフォロワーとの関係性に基づき，

フォロワーシップとの関係性で評価されるべきものである。大学は上意下達的に命令で動くものでなく，教育研究活動の最前線にいる個々の教職員の信念や協力関係こそが組織の行く末を大きく左右する。

　諸外国の大学リーダーシップ研究においては，トップダウン的なリーダーシップよりも，構成員の参加を促すようなリーダーシップの重要性がたびたび指摘されてきた(大場　2011)。執行部が現場の教職員とじっくりと話し合ってその理解と協力を得ていくことや信頼関係を構築することが改革の早道であるということもしばしば指摘される。先行研究の多くは，カリスマ的・中央集権的なリーダーシップに否定的な見方をしている。大学では上述のような合意形成を促すリーダーシップや構成員の参加が重要であること，カリスマ的リーダーシップはむしろ非生産的であり，大学内の各所・各層にリーダーシップが存在することが重要であること，大学に求められるリーダーシップは，多様な組織文化，先導者の偏在性を反映して一様ではないことなどが指摘されてきた。

　つまり，リーダーシップの発揮にもいろいろな選択肢があり，それを組織の特徴，文化，当該課題の特質，本人の個性などに応じて，選び取らなければならず，大学のリーダーの仕事は非常に難しいものである。学長をはじめとするリーダーがリーダーシップを発揮していくために，制度改正や予算支援だけでなく，学長・副学長等に対する能力開発の必要性もますます高まっている。

学習課題

1．諸外国でも大学のガバナンス改革は行われている。1つの国を取り上げ，どのような改革がなされているのかを調べ，日本との共通点と差異点について述べなさい。
2．あなたの所属する大学あるいは関心のある大学のガバナンスの仕組みについて，その特徴や課題を述べなさい。その際に，他大学との比較を行った上で考察することが望ましい。

参考・引用文献

- 江原武一・杉本均（2005）『大学の管理運営改革―日本の行方と諸外国の動向』東信堂
- 大場淳（2011）「大学のガバナンス改革―組織文化とリーダーシップを巡って―」『名古屋高等教育研究』第11号，253-272頁
- 大森不二雄（2018）「大学のガバナンス」東京大学　大学経営・政策コース『大学経営・政策入門』東信堂
- 小林雅之・山田礼子（2015）『大学のIR：意思決定支援のための情報収集と分析』慶應義塾大学出版会
- 田中弘允・佐藤博明・田原博人（2018）『検証　国立大学法人化と大学の責任―その制定過程と大学自立への構想』東信堂
- 篠田道夫（2010）『大学戦略経営論―中長期計画の実質化によるマネジメント改革』東信堂
- 国立大学協会（2017）「国立大学のガバナンス改革の強化に向けて（提言）」
- 日本私立学校振興・共済事業団（2015）『学校法人の経営改善に関するアンケート報告』
- 両角亜希子（2018）「大学の組織」東京大学　大学経営・政策コース『大学経営・政策入門』東信堂

6 | 組織のマネジメント

両角　亜希子

《**目標＆ポイント**》　大学の組織モデルの理念を提示した上で，管理運営を担う組織，教育研究を担う組織，そしてセンターや研究所等のその他の組織の特徴，役割，課題などについて言及するとともに，大学の統合・連携などの新たな動きについても紹介する。

《**キーワード**》　組織モデル，事務組織，教学組織，学部・学科制，統合・連携

1. 大学組織の特性とその複雑さ

（1）大学組織の独自性

　大学を経営する上で，大学という組織の独自の文化を理解することが不可欠である。大学は組織の長の指令の下に組織全体が一糸乱れずに行動するタイプの組織ではないし，細かく分かれた権限体系で活動するわけでもないし，利潤の最大化という1つの目的で全員が組織化できる組織でもない。大学の組織特性を理解せずに運営しても効果的な成果がみられないだけでなく，弊害も大きい。

　大学組織は，企業や病院などの他の組織とどう違うかという観点で，様々なことが指摘されてきた。第一に，専門性を重視し，分化していること。例えば，入学者の変動があっても，「必要がなくなった」歴史の教授が会計学を教えることはない。第二に，専門職化の度合いが小さいこと。例えば，教授と准教授が基本的に同じことをする。第三に，扁平な階層構造になっていること。教員「労働者」と管理者の間に組織上の

階層が少ない。第四に，部分の相互依存関係が弱いこと。ある学科に何か起ころうとそのことが他の学科に影響を及ぼすことが少ない。第五に，役割を果たすことが明確に現れないこと。教員は専門の教育の責任を遂行するが，それは事務関係者や他の専門家からは見えにくい。第六に，教員の権利や経営参加が重視されていること。これは学部長などを多くの教員が短い期間で順に務める「持ち回り人事」からも説明できる。第七に，大学を動かすエンジンは利益でなく，物事の意味づけ，つまり教職員が何を見るか，それをどう解釈するかが行動に影響を及ぼす。また，大学は目標を設定できないのではなく，数多くの目標を一度に抱えている点に特徴がある，などである。

（2）大学の組織モデル

　大学という組織がどのように動くのかを理解するために，組織モデルを使った説明が多く試みられてきたが，そうした研究が大学経営者向けの教材等で紹介され続けているのには理由がある。大学組織の問題の多くは，前例も正解もないことが多いが，そうした問題に対する結論を考えるためには，できるだけ複雑で多面的に考える思考，組織内に多様な選択肢を提供できることが重要である。組織モデルで大学を捉えることは，それぞれの大学の持つ様々な特徴を浮かび上がらせ，目の前の課題を多面的に捉え直す上で有効だからである。

　大学組織モデルの伝統的なモデルとして，官僚制モデル，同僚平等型モデル，専門職モデル，政治型モデル，無秩序型モデルなどがある。官僚制モデルでは，法的合理的権威，階層的な構想，教員資格の標準化傾向，学部学科の専門領域に対応した分業など，官僚制的な側面を明らかにした。同僚平等型モデルでは，学内構成員が同僚集団として，共通の考え方と平等な権限を持ち，合意や調整が行われる姿を描いた。専門職モデ

ルでは，専門家としての大学教員の専門知識に基づいた権限と，水平方向に分化して緩やかに連結した学科や講座のような下位組織を重視する姿を描いた。政治型モデルでは，学内で限られた資源をめぐり，理解集団の政治的交渉や妥協が行われており，時には大学の制度化された権威よりもそれらの交渉の力が現実を決定する場合があることを述べた。無秩序型モデルでは，大学組織を曖昧さと複雑さを備えた無秩序な組織として捉えた。たくさんの異なる使命を持っており，しかもそれらが互いに矛盾やコンフリクトをはらみ，またメンバーの安定的な参加もないため，ある時点で集まったものにより偶発的に意思決定，すなわち「ゴミ箱式意思決定」が行われることがある。

　こうした伝統的なモデルを発展させる形で，新しい組織モデルも多くの研究者によって示されている。例えば，組織の機能を管理し，うまくいっていないときには関係者にフィードバックする自己修正メカニズムが大学の安定と秩序をもたらすというサイバネティックモデル（バーンバウム　1992），大学トップの経営層が立案する戦略が明確に策定され，その実施が構成員に強く要求される法人制（Corporation）モデルと，大学全体の政策は明確だが，その実現は第一線の現場で活動する学科やプロジェクト・チームなどの下位組織に任されている企業制（Enterprise）モデル（McNay　1995），革新性（innovation）を実現する起業家的な性質を持つ大学（entrepreneurial university）モデル（Clark　1998），外部環境の変化に順応するために組織やその構成員が部分調整や変更を行う適用（adaptation）モデル（Sporn　1999）など，様々なモデルを用いて，変化しつつある大学組織の特徴を捉えようとした。

　重要なことは，それぞれのモデルごとに，意思決定の仕方やリーダーシップ，マネジメントのイメージが異なることである。どのモデルにも適切な管理運営方法があり，解決策の糸口を探ることができる。同じ大

学でも様々なモデルが併存することはよくあり，自大学の課題を多様な視点から捉え直すことで，解決のための多くの選択肢を提供できる。

2. 管理（経営）の基本組織

（1）経営・管理運営の組織

　大学の管理運営の基本組織として，表6-1に示した組織がある。

　国立大学の役員会は，学長及び学長が任命する理事で構成される。理事の定数は国立大学法人法別第表1で法人ごとに定められている。経営協議会は，学長，学長が任命する理事と職員，学外者から構成されるが，その過半数は学外者でなければならない。教育研究評議会は，学長，学長が指名する理事，部局長のうち教育研究評議会が定める者，その他学長が指名する職員で構成される。公立大学の場合は，経営審議機関と教育研究審議機関を置くことになっているが，具体的な審議事項等は地方自治体が決定する。また，地方自治体の判断により，役員会等の設置や学外有識者の役員への積極的登用等の機動的な体制が取れる。私立大学の理事は5人以上でこのうちの最低1名は学外者であること，評議員の定数は理事の2倍以上であることが私立学校法で定められている。理事

表6-1　大学の管理運営組織

	議決機関	審議機関	根拠法
国立大学	役員会	経営協議会 教育研究評議会	国立大学法人法
公立大学	役員会（設置自治体の判断で設置可能）	経営審議機関 教育研究審議機関	地方独立行政法人法
私立大学	理事会	評議員会（学校法人の判断で議決機関化が可能）	私立学校法

となるのは，設置する学校長，評議員から選任されたもの，寄付行為の定めで選任されたもの，評議員となるのは，職員から選任されたもの，卒業生から選任されたもの，寄付行為の定めで選任されたものとなっている。このように私立学校法の規定は比較的緩やかで，学校法人の寄付行為で詳細は定めることができるため，実態はかなり多様である（小林 2014）。これらの組織については，第5章も参照されたい。

（2）事務局組織

これらの組織で意思決定された事柄の実現を支える管理組織として，事務局組織がある。大学設置基準ではかつて「大学は，その事務を処理するため，専任の職員を置く適当な事務組織」と規定されていたが，2017年に「大学は，その事務を遂行するため，専任の職員を置く適当な事務組織を設けるものとする」と改正された。大学が行う業務が複雑化・多様化する中で，大学運営の一層の改善に向けて，事務職員・事務組織等がこれまで以上に積極的な役割を担い，総合力を発揮する必要があり「処理から遂行」へと改正された。

事務組織のあり方は近年大きく変化している。その1つのきっかけは国立大学法人化であった。法人化前の公務員時代には，機構定員要求のためには新しい課や係を要求したため，細分化された小さな係が並び，縦割り構造が縦割り意識を助長し，隣の係のことは知らないし，手伝わないという状態が生じてきた。国立大学の事務組織は，法人化によって行政組織ではなくなり，大学の考えで自由に編成できるようになった。大学の判断で，事務処理の仕方をより効果的・効率的なものに，自由に決められるようになり，業務の総見直しや事務組織改革が積極的に行われるようになった。法人化前後に東京大学で事務局長・理事を務めた上杉道世が作成した「事務職員等の人事・組織・業務の改善プラン」（上

杉　2009）は他の大学にも大きな影響を与えた。従来の硬直的な組織では，職員が全体のことを考えず，従来通りのやり方を守ろうとする意識を持ちがちで，その打開のためには職員個人の意識改革では不十分で，組織構造を変えることで変革しなければならないというのが基本的なアイディアであった。

　事務組織改革のポイントはいくつかあるが，①組織のフラット化（階層を減少）で，決裁権限の簡素化と一元化を図ること，②チーム制を導入し，係の壁を取り払い，業務ごと，時期ごとに柔軟な編成をすること，③経営企画と教育研究など業務の一元集中化・大ぐくり化などである。細分化している組織を集約・スリム化することで事務組織の効率化や情報共有をしやすい体制を整備するだけでなく，ワンストップサービス化で，学生を入学から卒業まで一貫して支援しやすい体制にする，広報の一本化を図るなど，効率化と高い効果を上げる組織へ転換が目指されている。大学の規模，キャンパスや学部の分散性などによって望ましい事務組織のあり方は異なっており，それぞれの大学で模索されている。国立大学の法人化を契機に，事務局を廃止し，理事・副学長の下に事務組織を配置した大学も少なくないが，メリットだけでなくデメリットもあり，事務局長を復活させた大学もあり，試行錯誤が続いている。財政上の観点からも，事務組織の効率化が求められており，学部単位の事務の集中管理方式など，事務の統合化・集約化を実施する大学も少なくないし，本部と部局の事務分担のあり方への模索も続いている。

3.　教育（教学）の基本組織

　教育の基本組織は，国際的には，大陸欧州の学部型と英米大学のデパートメント型があり，日本は学部が基本組織である（図6−1）。しかも，学部が意思決定の基本単位・教員所属組織・学生所属組織の三位一体組

織となっており，独立性と自己完結性がきわめて強い独自の特徴がある（金子　2016）。帝国大学が分科大学で構成されたという歴史的な経緯に基づくもので，学校教育法，大学設置基準は学部を基本的な枠組みとして整理している。アメリカの大学では，デパートメントは専門領域ごとに細かく分かれた教員の所属組織で，学生はカレッジという組織に所属する。教育面では学位プログラムを単位に構成されるが，デパートメントには直結していない。

　日本の学部にも長所はある。特に大規模大学では学部に一定の権限を委譲する方が効率的に教育研究できるし，縦割り組織として機能することで，所属する教員が組織の運営と教育に責任感を持って参加するプラスの面がある。しかし，他方で，それぞれの利害が強調され過ぎると，大学全体の経営方針にそって組織改革を行うことが難しくなることがある。また，学術的な原理で構成されることの多い学部で提供される知識と，学生が必要とする能力にずれがあるが，社会の変化等に合わせて教育課程の柔軟な編成が困難である問題が生じている。1991年の大学設置基準の大綱化により学部学科名称が自由化し，環境・政策・国際など，

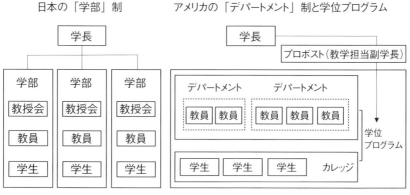

図6-1　学部制とデパートメント制（イメージ図）

既存の学問領域を総合する学部が多く設置されたが，上記の問題を根本的に解決しなかった。教育研究のニーズに即した教員組織の編成ができない点に学部制の欠点があり，戦後，大学に義務づけられた一般教育，義務づけが解消した後の教養教育のあり方が問題になり続けたのも，学部の組織原理とは異質の教員組織を必要としたからである。

　こうした中で，2005年の中教審答申「我が国の高等教育の将来像」で学位プログラムという考え方が示された。教員の帰属組織と学生の帰属組織を固定的・限定的なものから間接的・開放的なものへする必要性が指摘され，特に国立大学で，教育組織と教員組織を分離（教教分離）する組織改革が進み，学部以外の基礎的な組織を置くようになっている。いわば，デパートメント制と学位プログラムといった別の組織編制原理に近づける組織改革によって，新しい教育ニーズが登場した場合に，柔軟に対応できることが目指されている。2018年4月に工学分野で，先行して，大学設置基準を改正し，学科単位ではなく，学部全体で教員数及び学生の収容定員を管理する仕組みを導入し，それ以外の分野でも学部等連携課程（仮称）の導入について制度改正の議論がなされている。学部や研究科等の組織の枠を超えた学位プログラムのあり方をどのように実現できるか，中教審での議論が続いている。ただし，そうした新しい組織編制原理となった場合は，その運営のあり方にもまた変化が求められる。アメリカの大学ではプロボスト（教学担当副学長）が学位プログラムを統括しているし，教員組織と教育組織を分けることで組織運営が複雑化するため，管理運営機能は教員とは別のプロフェッションに任せている。2014年の学校教育法や国立大学法人法の改正で教授会の権限が縮小されたこともこの流れに属するものだが，全学的な観点から教学マネジメントをいかに確立させるかの議論と模索が行われている。なお，本節に関わる内容は，両角（2018），吉田（2018）なども併せて参

照されたい。

4. 研究その他の共同・学内組織

　研究組織についても，教育組織と同様の傾向がある。日本の大学において，教育研究活動の責任を有する基本組織は学部・研究科である。講座制は，細分化された学問分野ごとに配置され，その集合体として学科・学部が構成されてきたが，諸学問を再生産させる点で有効に機能してきたし，現在においても基本的には変わらない。また，日本の大学に特有の研究組織として，附置研がある。かつては個別大学に附置されつつも，実質は政府から直接な支援を受ける国家施設的なものであったが，2004年の国立大学の法人化により，個々の大学の経営の下へ置かれる組織となり，そのあり方が課題になり，2008年に全国の関連研究者が利用できる共同利用・共同研究拠点制度も始まっている。

　これらの個々の研究者や研究室レベルで行われる多様な研究活動を推進するとともに，優れた研究や特徴的な研究等を発展させるために，大学は必要な研究組織を機動的に整備して研究を重点的に推進することが求められるようになっており，恒常的な教育研究組織の他に，学際的な研究体制の柔軟な構築が課題となっている。1992年の科学技術審議会，学術審議会の答申で研究拠点形成の構築について指摘されて，2000年ごろから，拠点形成のための補助金事業が出されて，大学に大きな影響を与えた。とりわけ，21世紀COE（Center of Excellence）プログラムは大きなインパクトを与えたが，グローバルCOEプログラム，世界トップレベル研究拠点プログラム（WPI）などがある。こうした補助金を獲得するために，学内で目的を共有化し，既存組織の枠を超えた実質的な協力・連携体制の構築が本格化し，また，競争的外部資金による流動的でバーチャルな研究組織も増えるなど，研究組織は以前と比べてかなり

複雑化している。

　例えば，東京大学では，複数の部局にまたがる領域横断的で総長の強いリーダーシップの下で全学として推進すべき重要プロジェクトを大学として一元的に実施する必要から，総長室直轄で機構，ネットワーク，室，本部等と呼ばれる組織を設置できる仕組みを2004年に整えた。また，2016年から既存の組織の枠を超えた学の融合による新たな学問分野の創造を促進するため，複数の部局等が一定期間連携して研究を行う組織（連携研究機構）の設置を可能とし，2019年2月現在，20組織が設置されている。東京工業大学では，2016年にかつては部局の位置づけにあった附置研や研究センターなどを科学技術創成研究院とひとまとまりにする組織改編を行い，新たな研究領域の創出や異分野融合研究の推進を目指している。Geiger（1990）は，基本組織であるデパートメントと別に大学の多様な研究所（Center，Institute 等）を「組織化された研究単位（ORU：Organized Research Unit）」と名づけたが，アメリカの研究大学で全学的な研究組織・研究所を設置する傾向があり，それは主に問題解決型の学際的な研究所であり，デパートメントの教員が集う形で，学内の研究ネットワーク化が図られて，マトリクス型の組織を拡大する方向にある（ガイガー　2017）。上述の東京大学の連携研究機構などの動きはアメリカモデルの導入と捉えられよう。

　紙幅の関係で詳述しないが，教育研究活動を支える基盤的な共通組織の設置が増えている。伝統的にある大学附属図書館などに加えて，産学連携等の社会連携のための組織，教職員の研修を実施する組織，留学生や日本語センター，情報・ITセンター等，大学に必要な機能や役割が多様化・高度化する中で設置が進み，こうした組織に所属する教員も増えている。大学の組織図をウェブサイトで確認することで，こうした組織が多く設置されている実態を詳しく知ることができる。

5. 大学の統合・連携

　大学の経営危機や大学に求められる機能が複雑化・高度化している中で，大学の統合や連携のあり方にも関心が高まり，中央教育審議会将来構想部会答申でも新たな制度的な枠組みが示された。

　国立大学では，一法人複数大学制度が2020年に制度改正されることになったが，名古屋大学と岐阜大学は同年に統合し，新法人「東海国立大学機構」の傘下にそれぞれ入り，管理部門の共通化で経営の効率化や教育研究機能の強化を図ることが決まっている。このほか，現時点では，静岡大学と浜松医科大学の2校，北海道内にある小樽商科大学，帯広畜産大学，北見工業大学3校などもそれぞれ法人統合に向けた検討を進めている。私立大学では経営困難校対策という文脈から，これまで私立大学の譲渡は大学単位でしか認められなかった譲渡を学部や学科単位で可能とする案が示されている。手続きの簡略化というメリットはあるが，引き取る側の立場から考えれば，経営困難大学の問題を統合という手段で解決を図る案を選択する大学は多くないことも考えられる（両角2016）。

　大学間の連携は，地域別に設置形態を超えて大学コンソーシアムが組織されている。学内の共同施設等で提供される活動の多くは，他の大学とも共通化が可能なものは少なくないし，技術的な進歩もそうした連携の推進を後押ししてくれるはずである。例えば，教育経営基盤である学生調査の共有，教養教育の合同実施，教職員研修の合同実施，事務の共有化などは，一大学単独で実施するよりも，効率も効果も高くなることが考えられるが，自分の大学内でやろうという自前主義が強いため，連携は期待されるほどは進んでいない。一大学だけでこうした活動を行う場合と比べて，別のマネジメントの要素が必要になるという難しさがあ

ること，あるいは学生獲得競争などをしながら，互恵関係を構築する難しさが根本にはあるのかもしれない。それでも，大学間連携は，重要な政策課題として位置づけられ，2008年の大学連携支援事業，大学間連携共同教育推進事業，COC（Center of Community），COC+事業，私立大学等総合改革支援事業・プラットフォーム形成などの競争的補助金事業を通じて推進され，取り組み自体は増えてきた。しかし，期間限定の補助金でこうした活動をどこまで支えられるかという課題も大きい。

　そこで，地域の高等教育の積極的に関わるという観点から，複数の高等教育機関と地方公共団体，産業界等とが恒常的に連携を行うための体制として「地域連携プラットフォーム（仮称）」を形成し，地域における高等教育のグランドデザインを策定することや，プラットフォームの1つのあり方として，「大学等連携推進法人(仮称)」が提案されている(図6-2)。連携を促進とするための制度的な見直し（例えば，単位互換制度に関連して全ての科目を自大学で開設するという設置基準の緩和等）を質の保証に留意しつつ，併せて検討することになっており，早ければ

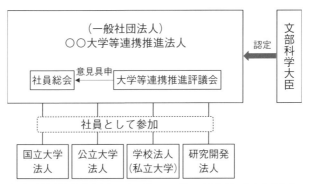

出所：将来構想部会(平成30年4月17日，第15回)資料2より筆者作成。

図6-2　大学等連携推進法人(仮称)のイメージ

2020 年に制度化される予定である。制度の詳細はまだ決まっておらず，その評価をするには時期尚早であるが，いずれにしても新たな制度的枠組みを契機として，大学間の連携をさらに促進することが強く求められている。

学習課題

1. あなたの所属する大学あるいは関心のある大学における改革の議論を取り上げ，本章で説明した複数の組織モデルから説明しなさい。
2. あなたの所属する大学あるいは関心のある大学の事務組織について，業務や部署分担がどのようになっているのかを調べ，課題について考えなさい。
3. 大学同士の合併や連携の事例について調べてみて，その効果と課題をまとめなさい。

参考・引用文献

- 小林武夫（2014）「理事会決定と評議員会諮問—大学を設置する学校法人寄附行為の分析—」『大学経営政策研究』第 4 号，73-90 頁
- 金子元久（2016）「大学組織と教育組織」『IDE 現代の高等教育』578 号
- ロバート・バーンバウム（1992）『大学経営とリーダーシップ』玉川大学出版部
- 両角亜希子（2016）「私立大学の統合・連携」『高等教育研究叢書』133 号
- 両角亜希子（2018）「大学の組織」東京大学大学経営・政策コース『大学経営・政策入門』東信堂
- 吉田文（2018）「教学のマネジメント」東京大学大学経営・政策コース『大学経営・政策入門』東信堂
- ガイガー，ロジャー／阿曽沼明裕訳（2017）「米国の研究大学における研究の強化」『IDE 現代の高等教育』No.589
- Clark, Burton R.,1998 *Creating Entrepreneurial Universities*: *Organizational Pathways of Transformation,* Oxford: Pergamon.
- Geiger, Roger L. 1990 "Organized Research Units – Their Role in the Development of University Research" *Journal of Higher Education.* Vol. 61, No. 1, pp. 1-19.
- McNay, I. ,1995 From the Collegial Academy to Corporate Enterprise: The Changing Cultures of Universities. In T. Schuller (Ed.), *The Changing University?* Buckingham: SRHE & Open University Press.
- Sporn, Barbara, 1999 *Adaptive University Structures*: *An Analysis of Adaptation to Socioeconomic Environment of US and European,* Universities,London: Jessica Kingsley Publishers.

7 │ 人事のマネジメント

両角　亜希子

《目標＆ポイント》　大学運営を担う構成員とその役割を概観した後，経営管理職，教員，そして職員の別に人事マネジメントの基本的な仕組み・課題・展望について，設置者別の相違も踏まえて検討する。
《キーワード》　管理職，教職員，採用処遇，能力開発，研修，人事評価，第三の職種

1. 大学運営を担う構成員と役割

（1）構成員とその役割

　大学にとって教職員は最も重要な資源であり，同時に最大の経費でもある。人事マネジメントとは教職員をどのように保有し，どのように有効に活用するか，ということであり，大学の価値を大きく左右するし，財政問題にも直結する。大学運営を担う構成員として，大きく，経営管理層・教員・職員がいる。経営管理層は教職員を雇用し，運営する側であるが，その人事もまた大学経営にとって重要である。教員は教育研究活動の最前線の役割を担っており，職員はそうした諸活動を支援し，学生募集や就職などで中心的な役割を担うとともに，企画・調査分析など大学運営に重要な役割を有している。かつての大学職員は，実際は大学を支える重要な仕事をしていても，教員の指示の下に単純な仕事をする裏方的な存在とみなされがちであったが，大学の経営や教育研究活動の高度化・複雑化の中で，専門性を高め，経営人材として活躍することが

強く期待されるようになっている。教員と職員がそれぞれの役割を尊重しつつ，互いに協力する教職協働が重要であることが指摘され，2017年の大学設置基準の改正では，大学運営における教員・職員の適切な役割分担と協働体制の確保が明確化された。

　また，職員の仕事の専門職化が進み，IR（Institutional Research：機関情報分析）や URA（University Research Administrator：リサーチ・アドミニストレーター）等の新しい職も登場しているが，これは日本の大学に限定された変化ではなく，海外でも同様の流れがあり，こうした専門職のことは「第三の職種（third space）」と呼ばれている（Whitchurch　2013）。日本では一部は教員ポジションとして増えている。しかし，文部科学省の「大学における専門的職員の活用の実態把握に関する調査」（2015年）によると，高度専門職への期待が大きい一方で，雇用形態で任期付きが多い。新しい専門職人材をどのように配置・処遇し，育成するのかが重要な課題となっている。

（2）教職員数

　学校基本調査から，設置形態別の教職員数の状況を表7-1にまとめた。教員のうち，本務者（常勤の正規教員）は19万人弱で，兼務教員（非常勤教員）の方が多い。学校基本調査をさかのぼると，1990年代から本職が教員でない兼務教員数が急速に増え始め，2000年代に入り，兼務教員数は本務教員数を上回るようになっている（金子　2017）。急増した兼務教員数の多くは，「高学歴ワーキングプア」（水月　2007）といった言葉も生まれたが，大学院が拡充され，大学院に進学したものの正規の大学教員として就職できなかった大量の非常勤講師である。また，表には示していないが，本務教員のうち37％が教授であり，日本は教授の割合が高い逆ピラミッド型になっていること（潮木　2009），女性や

表7-1　設置形態別の大学の教職員数
(単位：人)

| | 教員数 | | 職員数 | | | 学生数 | 本務教員
一人当たり
学生数 | 本務職員※
一人当たり
学生数 |
	本務 教員	兼務 教員	本務 職員	(医療系 除外)	兼務 職員			
国立	64,562	38,728	82,944	36,667	25	698,969	10.8	19.1
公立	13,840	14,587	16,699	5,897	311	155,520	11.2	26.4
私立	108,761	141,200	145,983	65,027	4,705	2,144,670	19.7	33.0
大学計	187,163	194,515	245,626	107,591	5,041	2,909,159	15.5	27.0

（※）医療系を除外した職員数
出所：学校基本調査（平成30年版）より筆者作成。本務教員数に学長、副学長も含む。

外国人教員が少ないことも課題として指摘されている。

　職員のうち，本務者は25万人弱であるが，医療系職員の占める割合が多いため，これを除外すると11万人程度である。兼務職員数は5,000名程度であるが，派遣会社等の非正規職員も多く働いており，この数字は実態を正確に反映していない。例えば，東京大学の「平成29年度事業報告書」では，教員数6,051名（うち常勤4,757名，非常勤1,294名），職員数10,733名（うち常勤4,391名，非常勤6,331名）となっており，多くの非常勤職員が大学の活動を支えていることがわかる。

　本務教職員数一人当たり学生数も示した。分野の違いも考慮すべきだが，国立大学が最も人的資源に恵まれており，私立大学ほど少ない教職員数で運営していることがわかる。

2. 経営管理職の人事

　経営管理職は，人事マネジメントの対象外とするのが通例であり，ごく簡単に取り上げるが，紙幅の都合で近年，注目されている点のみ扱うことにする。

　大学の経営層（役員）については，学外者の導入が長年の課題で，国立大学の法人化等を契機に進んできたが，さらに学外理事を増やすべきという議論は現在も根強い。多様な人材を入れることで経営を強化し，社会の目を入れていく利点があるが，現状ではうまく活用しきれていないという見方もある。日本の大学では学内の教職員が理事として経営に参画することを認めている点に特徴があり，役員会・理事会に学内者と学外者の両方が参画しているが，学外者は非常勤であることも多く，どうしても情報格差の問題が生じるため，学外者に対して，大学の情報を説明して意見交換をする機会を設けるなど大学の理解と関係性を深め，外部者にわかりやすい説明や意見が言いやすい環境を設けるなどの工夫も不可欠である（国立大学協会　2017）。監事についても，会計監査のみならず，業務監査がいずれの設置形態の大学でも重要となっており，例えば学校法人の理事の違法行為に対する差し止め請求権など監事の権限が強化されることになっているが（学校法人制度改善検討小委員会 2019），それを実現させるためには，監事が求められる役割を発揮できるための工夫や理事との関係の明確化などが必要である。また，制度をいくら構築しても，適任者がその仕組みを理解し，適切に動かさないと機能しないため，役員研修（BD：Board Development) の充実の必要性も指摘されている。

　大学管理職は，学長，副学長，学部長などの学術系，事務局長，部長などの経営系に分けられるが，どこまでを管理職として考えるべきか，必ずしも明確にされているわけではない。欧米では学部長は明確に大学管理職に含まれるが，日本では必ずしもそのように捉えられていない大学もある。学長，副学長，学部長などの大学管理職は，第 6 章でも述べたように，選挙等で選出されるケースも多いため，管理職としての能力開発が十分に行われているわけではない。欧米では，大学管理職の外部

労働市場も発達しており，専門職化しているが，日本はそうではない。しかし，学長等に求められる役割が増大する中で，研修等の充実も課題となっている。先の学校基本調査では学長と副学長の本務者は計2,192名であるが，副学長の数は大学経営が重視される中で増加してきた。また，最近では副学長の担当を決める大学が多く，責任が明確になる利点があるが，連携の悪さが生じないように意思疎通を行う必要がある。

3. 教員の人事マネジメント

（1）多様な大学教員の増加

　教員の人事管理の詳細は，専任教員を中心とした記述になるが，大学教員が多様化している実態にまずは言及しておく。上述の非常勤講師の増加のほか，任期付き教員が増加している（児美川　2017）。任期付き教員の大学全体の実態については包括的な調査がなされておらず全体像は不明だが，国立大学の40歳未満の任期付き教員の割合は2007年の38.8％から2016年の62.9％へと急増した（国立大学協会　2018）。また，科学技術政策研究所の「大学教員の雇用状況に関する調査（2015年）」によると，学術研究懇談会（R11）を構成する主要な研究大学11大学の任期付き教員の比率は，2007年度の27％から2013年度の39％と米国並みの水準になった。基盤的経費以外に，様々な競争的資金や外部資金によって任期付き教員を雇用する割合は他大学よりも高く出ていると考えられるが，急速に大きな変化が起きていることに違いはない。

　任期付き教員が増加した背景はいくつかある。大学教員市場の人事の閉鎖性，自校出身者優先（インブリーディング）や業績なき年功型処遇に風穴を開けることを目的として，1997年に「大学の教員等の任期に関する法律」が作られたが，運営費交付金の削減や少子化による大学財政の逼迫による人件費削減目的でその活用が進んだ。また1990年代以

降の大学院の重点化により，大学院の入学者枠が増加したが若手教員の就職難の問題があり，政府がポスドク向けの任期付きポストを創設したことも影響している。若手教員・研究者の問題については，第 3 期科学技術基本計画中から，自立性と活躍の機会を与える仕組みとしてテニュアトラック制の導入を推進し，2011 年からテニュアトラック普及・定着事業も始まった。また，東京大学では間接経費や運営費を活用して，2021 年までに若手教員 300 名を任期なしに雇用転換する制度が 2017 年に導入され，大阪大学では外部資金をもとに優れた若手教員を最大 10 年間雇用し，研究活動に専念できる環境を確保するなど，大学独自の様々な施策も導入されている。

　伝統的な大学教員といえば，常勤で学部などに所属している教員をイメージするが，全学のセンター等（教育改革推進センター，留学生センター等）に所属する教員（特任教授等）も増えている。正確な数は不明だが，センター等所属で一定の業務を担うための任期付き教員を雇用している例も少なくなく，キャリアパスのあり方も含めて課題となっている。伝統的な教員は，教育，研究，社会貢献，学内管理運営という多様な活動を担うのに対して，一部の機能を重点的に担う教員ともいえる。

　こうして大学教員が多様化・二極化し，一方では，伝統型大学教員は減少し，その多忙化や研究時間の劣化などが課題となっており，他方では，非伝統型教員，特に若手研究者の処遇，キャリアパスの不安定さと不透明さが大きな課題となっている。米国においてもテニュア（終身在職権）のある伝統的な教員が近年では 4 分の 1 以下になり，短期契約の非常勤講師を大量に安価で雇用し，教育の質の低下も懸念されるなど同様の深刻な課題を抱えている（ロバーツ・竹内　2017）。

（2）採用・配置

　教員の活動は，自律性が高く，企業や役所の管理の原則が適用できない面が多い。採用は原則として公募あるいは推薦により，教員市場で他の大学等に職を求めて異動することもよくある。新設や学部増設以外では，離転職で教員が欠員となった場合に採用人事が起案される。業績，学歴，教育経験等の書類審査を経て，面接や模擬授業などを行い，最終候補者が決定されることが多い。日本では，諸外国と比べて，昇進人事，採用人事が共通な基準を欠いたまま，外部の目に晒されることなく，仲間うちの評価で行われてきたという批判もなされているが（潮木2009），いうまでもなく透明性や客観性を重視して選考が行われるべきである。近年は，教員人事を，より全学的な観点から行う大学が増えている。国立大学で教員組織と教育組織を分離する組織改革が進んでいる理由の１つも教員人事の融通性を高めるためである。例えば，東京工業大学では教員ポストの全学管理と運用をしており，人事委員会はほぼ役員会メンバーで構成しているし，学長裁量ポストで教育革新センターやリベラルアーツ研究教育院などの教員を多数採用した。宇都宮大学では，学部長の学長指名制とともに，学長が議長を務める全学の「人事調整会議」が教員人事の選考，公募も含めて一括管理するマネジメント体制をとっている。芝浦工業大学は，かつては学科レベルで教員人事を行い，専門領域を絞り過ぎた人事も少なくなかった。2003年に採用の単位を学部に変更したが，学科が上げた案を学部長がひっくり返すことは現実には難しい面もあり，2015年からは公募内容を標準化し，必ず入れる項目を示し，公募を出す前に学部長，研究科長，学長が確認して，学長も書類選考に全て目を通している。

（3）評価・処遇・能力開発

　教員は，もともと研究業績などの教員審査を経て任用されるが，業績評価やそれを受けた処遇をどのように実施するかも経営課題になっている。一般的に，教員は帰属集団としての大学より，学界（準拠集団）に対する一体感が強い傾向があるが，大学に対する帰属意識を高めて，組織目標の達成への動機づけを高めてもらうためである。処遇は，優秀な人材の獲得・定着のために重要である。ただし，教員の成果や業績と報償の関連について，成果主義の弊害や経済的・明示的な誘因が内発的動機づけに逆効果であるという指摘も多く（山本　2018），その制度設計や運用には留意すべきである。特に教育活動において，教員層全体の活動の質の維持や教員間の連携を促進する観点が不可避である。

　日本では様々な背景から，給与は年功制の性格が強く，教員間の差も小さいが，欧米の研究大学では優秀な教員に高い報酬を支払うことが多く，そうした違いによって，国際的に著名な研究者を獲得できないことが問題視されるようになってきた。2013年に出された「国立大学改革プラン」では，人事・給与システムの弾力化が提起され，2014年度予算から運営費交付金において「年俸制導入促進費」を措置された。例えば，筑波大学では，人件費削減の観点からも，シニア教員を年俸制に移行，年俸額を原則7割に抑制し若手教員の採用を促進させている。この他，大学，公的研究機関，民間企業等のうち，2つ以上の組織と雇用契約を結び，それぞれの機関の責任の下，必要な従事比率（エフォート）で業務を行うクロス・アポイントメント制度の導入も政策誘導の形で，国立大学で進みつつある。

　人事給与マネジメント改革の一環で，教員個人の業績評価の導入は特に国立大学で進んでいる。三菱総合研究所（2015）によると，2007年の実施率は国立76%，公立36%，私立25%だが，2014年の実施率は，国

立95％，公立71％，私立40％に増加した。教員個人の業績評価導入の目的として，教員個人の自己点検による意識改革，教育研究レベルの向上，社会貢献の推進，国立大学では社会に対する説明責任や評価制度導入の政策的要請への対応も多い。ただし，教育活動の評価手法の確立，研究分野間の比較，業績に結び付かない能力や努力が評価できない，目立たない仕事が評価されにくい等の課題を感じている大学も少なくない。

業績評価の例として，岐阜大学の「年度・関門評価制度」を紹介する。関門年齢（35，41，47，53，59歳）に達する年度に，6分野（教育活動，研究活動，学内運営，社会活動，教育研究支援活動，診療活動）について，前年度までの6年間の貢献度を5段階評価し，処遇に反映させている。きわめて顕著の場合は昇給に反映，シニア教授の称号付与，サバティカル研修の対象，学内委員免除等の処遇がなされ，逆に要努力の場合は改善指導が行われる。

これらの新しい諸制度の導入効果は十分に検証がなされていないが，政府の「経済財政運営と改革の基本方針2018」「未来投資戦略2018」「統合イノベーション戦略」などで国立大学の人事給与マネジメントシステムの改革の重要性が強調され，文部科学省も国立大学の新規採用教員の給与規定に2019年度以降に順次年俸制を導入していく方針を示し，運営費交付金の「機能強化促進分」の中に人事給与改革での評価分を新設することになっており，年俸制導入や業績評価の動きがさらに加速すると予想される。

教員の能力開発については，初等・中等教育の教員のように教員免許制がなく，教育に関する知識・経験・能力に関する研修が特に重視されてきた。1999年には大学設置基準でFD（Faculty Development）の努力義務が盛り込まれ，2007年には大学院課程のFD義務化，2008年には大学設置基準が改正され，授業内容及び方法の改善を図るための組織

的研修及び研究が義務化された。FD 活動の一環として，教員の授業相
互参観，アクティブ・ラーニング授業のための授業検討会，新任教員研
修などが盛んに行われているし，大学教員を目指す大学院生向けのプレ
FD も多くの研究大学で行われている。教育以外に関しても，大学のあ
り方を議論する場が設けられ，研究倫理やハラスメント対策などの様々
な組織的な研修が実施されるようになっている。こうした組織的な研修
も重要だが，個人レベルで専門職として能力開発や知識習得を行う行為
（PD：Professional Development）に対する大学の支援も重要である。

4. 職員の人事マネジメント

（1）職員の仕事特性と役割の変化

　アメリカの大学職員の業務内容は明確で専門分化しているのに対し
て，日本の大学職員はジェネラリスト志向であることが指摘されている。
また，かつては教育研究の事務的支援者的な存在であったが，プロフェッ
ショナルとしての大学行政管理職員としての役割の転換が求められてい
る。1997 年に大学行政管理学会が設立され，職員についての研究が職
員自身によって深められるようになったのは象徴的な出来事であった
が，こうした役割が変化する中で，企画立案能力など新たな能力をどの
ように育成し，発揮させるかなど，人事管理のあり方も大きく変えてい
く必要があり，それぞれの現場で試行錯誤が行われている。

　この後の記述は正規職員を中心に述べるが，職員も多様な雇用形態が
ある。正規職員の他，非正規職員，派遣職員もある。人件費の抑制や業
務の効率化の観点から，人材の流動化，変動費化が進展しており，図書
館，旅費業務，ICT 業務などの一部の業務内容を外注・アウトソーシ
ングする大学も少なくない。例えば，立命館大学は 1993 年に 100％出
資の株式会社クレオテックを設立し，業務の外注化をしている。人事マ

ネジメントを行う際には，どこまでを本務職員が担い，どのような業務は外注化するのか，あるいは独立性の高い業務，外部組織や専門知識の活用が効果的な分野は何かも併せて考えることが必要である。

（2）採用・配置

　採用に関しては，各大学が独自の職員を募集・選考している。公募によることが多いが，毎年度定期的に採用する場合は試験・面接等により選考がなされる。すでに高い専門的能力を持つものを採用した方が早く対応でき，養成コストも節約できるので，特に専門性が高い業務については中途採用も多く実施されている。

　採用については，設置形態別に少し様相が異なる。国立大学は法人化によって公務員から非公務員に変わり，労基法が適用されるようになり，職員の採用のあり方も大きく変わった。従来，国家公務員採用試験から採用を行っていた事務系，技術系職員は，全国を7ブロックで分けて実施される「国立大学法人等職員採用試験」による採用方法に変わった。法人化前の大学事務局は文部科学省から派遣される事務局長を頂点とする一元化された組織で，課長職以上の管理職員の多くは，文部科学省からの異動官職により占められた。法人化後は，生え抜きの職員を昇進させる，いわゆる内部昇進を採用する大学も増えているものの，異動官職が課長職以上のポストを占める慣習は維持されている。管理職の数は限られているので，国立大学の一般職員が昇進に要する時間は長い傾向にある。独自採用で優秀な人材を採用した大学も多く，そうした人材をいかに育成・処遇するかはきわめて重要な課題である。公立大学では自治体から派遣される職員が多いがゆえ，大学職員としての専門性についての課題が指摘されてきたが，法人化した大学で独自採用する職員（プロパー職員）が増えてきた。個々の大学によって状況は大きく異なるもの

の，公立大学全体で見れば，プロパー職員が派遣職員をやや上回る状況
となっている（公立大学協会　2018）。自治体とのパイプ役としての派
遣職員とプロパー職員の適切な役割分担が必要であるし，いかに自治体
から優秀な人材を派遣してもらうかも現実的には重要な課題となってい
る。

　配置転換については，基本的には組織内移動で，学務・総務・財務等
の様々な職域を経験する中で職員としての専門性を高めていく人事異動
が多い。東京大学が 2010 年に実施した「全国大学職員調査」によると，
50 歳台での平均異動回数は，国立大学で 7 回，公立大学で 1 回，私立
大学で 4 回。私立大学の場合は，大学の規模や個人にもよるが 10 年に
1 回ほど，国立大学ではもう少し早いペースで異動する。幅広い業務経
験自体が，一種の研修機能を果たしている面もある。異動に際しては，
自己申告制度，学内公募制度などで，本人の意欲を引き出すとともに，
本人や家庭の事情を配慮している制度を導入する大学も多い。

（3）評価・処遇・能力開発

　人事評価の最大の目的は人材育成であり，目標像が明確に示された上
で，研修等の能力開発，能力発揮の機会がなければならないし，制度の
運用にあたっては評価者，被評価者が評価の仕組みと内容を理解してい
くことが重要である。そのため，シンプル（わかりやすい），フェア（公
正であること），オープン（公開されること）を重視し，納得性と透明
性を高めることが重要である（国立大学財務経営センター　2006）。公
平性や客観性の確保は必須だが，詳細な評価マニュアルや制度を精緻化
すると時間や費用がかさみ，弊害があることも留意する必要がある。

　職員の評価の実態については，島田（2017）が全国の私立大学の人事
部課長に 2016 年に実施した調査結果を紹介しておく（表 7 - 2）。人事

考課，目標管理，成果主義などが多くの大学で導入されていること，また教員評価の場合と同様に国立大で最も導入が進んでいることがわかる。こうした諸制度は，モチベーションの低い職員の減少，自律的に働く職員の増加などの効果を狙って導入されているが，大学の特性，課題などによって，具体的な制度設計はそれぞれに異なっている。

　人事評価を給与等の処遇につなげている大学も少なくない。日本の企業研究では，努力の成果は金銭的なインセンティブというより，次の仕事の機会で与えられてきたことといわれているが（高橋　2004），職員が求めるものも必ずしも金銭的な報酬ばかりではない。上述の「全国大学職員調査」で，将来の望ましい職員像を尋ねているが，「企画・立案にかかわる職員を計画的に養成する」94％，「職員を学内委員会の正式委員にする等，発言の機会を増やす」92％となっており，経営参画を強く求めている。実際に，職員出身の理事も増えてきたし，島田（2017）によると，「企画立案のための企画部門等に職員を参画」は国立76％，公立46％，私立44％，「学内委員会等に正式メンバーとして職員を参画」は国立54％，公立42％，私立72％となっており，こうした成長機会は業務の効率化など組織運営にも好影響を与えている。

　職員の能力開発には，OJT（on the job training）によるもの，Off-

表7-2　**人事評価制度の実施率**（島田2017）　　　　（単位：％）

	国立	公立	私立
人事考課制度	90.2	84.8	67.2
組織目標を共有化する目標管理	75.6	54.5	53.4
頑張っている人を適正に評価する仕組み（成果主義）	71.8	51.5	36.8
人事制度の納得度を高める目標管理	62.5	57.6	39.7
何段階かの職能資格と必要な職能要件	43.6	12.1	30.2

JT（off-the job training）によるものがある。上述のように人事異動を一種のOJTと捉えることもできるし，例えば，立命館大学の「政策立案演習」のように，業務の中から課題を見つけ，解決策を立案し，実践，評価することを通じて，能力開発に取り組む大学もある。Off-JTでは，国立大学協会や日本私立大学連盟など大学団体による研修，桜美林大学や東京大学などの大学職員を主な対象として実施されている大学院プログラムへの通学などがある。職員への研修について，2017年に大学設置基準が改正され，教職員に対する研修の機会（SD：Staff Development)が義務づけられた。

　紙幅の都合で扱えなかったが，大学においても近年重視されているワークライフバランスに配慮した人事マネジメントをする必要があることはいうまでもない。教員と職員と人事マネジメントの特徴が異なる点も多く，本章ではそれぞれの観点から説明したが，山本（2018）も指摘したように，人材の流動性と雇用の安定性・多様性の確保，競争性と公平性の3つのバランスをどのようにとっているかが各大学に問われているという点では共通の課題を抱えているといえよう。

学習課題

1．あなたの所属する大学または関心のある大学を取り上げ，教員あるいは職員の人事制度について調べて，どのような良い点と課題があるのか考えなさい。
2．諸外国の大学人事制度（管理職・教員・職員のいずれでもよい）を調べ，日本の大学にとって参考になる点を考察しなさい。

参考・引用文献

- 潮木守一（2009）『職業としての大学教授』中央公論新社
- 学校法人制度改善検討小委員会（2019）『学校法人制度の改善方策について』
- 金子元久（2017）「大学教員―「名分」の変質」『IDE 現代の高等教育』594 号
- 公立大学協会（2018）『未来マップのための 16 の課題』
- 国立大学協会（2017）『国立大学のガバナンス改革の強化に向けて（提言）』
- 国立大学協会（2018）『広報誌「国立大学」別冊　国立大学の現状』
- 児美川孝一郎（2017）「任期付き教員の増加と「大学教員」の変貌」『IDE 現代の高等教育』594 号
- 島田くみこ（2017）「大学職員の人事マネジメントに関する調査結果」『IDE 現代の高等教育』591 号
- 髙橋伸夫（2004）『虚妄の成果主義』日経 BP 社
- 水月昭道（2007）『高学歴ワーキングプア―「フリーター生産工場」としての大学院』光文社
- 三菱総合研究所（2015）『研究者等の業績に関する評価に関する調査・分析報告書』（平成 26 年度文部科学省委託調査）
- ロバーツ，アキ・竹内洋（2017）『アメリカの大学の裏側―世界最高水準は危機にあるのか』朝日新聞出版
- 山本清（2018）「大学の人事管理」大学経営・政策コース編『大学経営・政策入門』東信堂
- Whitchurch, C., 2013, *Reconstructing Identities in Higher Education: The Rise of Third Space Professionals*, London: Routledge.

8 | 財務のマネジメント

戸村　理

《**目標＆ポイント**》　大学は教育研究活動を実施する組織体であり，その活動には，資金が不可欠である。しかしながら大学財政を取り巻く環境は厳しく，政府の財源措置も基盤的経費から競争的資金へと配分のあり方が変化している。この環境下で各機関に求められることは，機関の永続性を見据えた中長期的な財務戦略を策定し，その実施と改善とを積み重ねていくことである。本章では日本の大学財政の大枠を確認した上で，国公私立大学の財務の現状を学ぶ。

《**キーワード**》　基盤的経費，競争的資金，運営費交付金，国公立大学の法人化，会計制度，私立大学等経常費補助金，財務戦略，人件費

1. 高等教育財政の仕組み

（1）大学と資金

　大学とは何をするところか。この答えは人によって様々だろう。学校教育法によると，「大学は，学術の中心として，広く知識を授けるとともに，深く専門の学芸を教授研究し，知的，道徳的及び応用的能力を展開させることを目的とする」とある（第83条）。とりあえず大学が「教育と研究の場」であることは共有できそうである。

　その教育研究活動の実施には，ヒト・モノ・カネ・情報（知）といった経営資源が必要となる。講義・演習・実験には教員が，日常の管理運営業務には職員が欠かせない。さらには教室・実験室・図書といった物的条件も満たす必要がある。そこで重要なのが，資金である。資金の支

えによって大学は，教育・研究・診療・社会活動等の実施と，その質の向上を実現してきた。だが資金には限度がある。1990年代以降，大学教育がユニバーサル化に向かう一方で，日本経済は低迷し，国家財政は多額の債務を抱え，家計所得も漸減・停滞した。拡大する大学財政を誰が負担するのか。その見解は分かれており[1]，各機関には教育研究の質の向上を裏づける財務戦略を策定し，資金の確保と調達の多様化，適切な配分を行うことが求められている。

（2）大学財政の全体像

　ここで日本の大学財政全体の大枠を，大学への資金の流入という点から確認する（図8-1）[2]。大学は基本的に資金の調達源を2つ持つ。1つは自己収入である。家計からの納付金（授業料・入学金・検定料等）が主だが，他に附属病院による診療収入や，受託研究資金等による収入がある。また寄付は，私財によって創設された私立大学はもちろん，近年では国公立大学も精力的に募集活動を行っている。

　もう1つは政府・地方自治体からの公的資金である。一般に公的資金は，基盤的経費と競争的資金とに分けられる。前者は，日常の大学運営に必要な経費を，学生数や教職員に乗じて算出し措置される資金である。後者は，大学や研究者個人が，特定の課題に取り組む上で必要な経費を，申請・審査を経て獲得する資金である。2004年の法人化以降，各国立大学には文部科学省から基盤的経費として運営費交付金が配分されている。公立大学（法人）の場合，政府による基盤的経費の直接的支援は，2003年度を最後に廃止された。以後は，総務省から地方交付税の形式で，間接的に支援がなされている。地方交付税の算出は，公立大学に関する

1．教育費負担は，公的／私的負担に大別できる。前者には，各機関へ配分する機関補助と，学生個人に配分する個人補助とがある。後者は，民間負担（企業・慈善団体等）と，家計負担（学生本人・保護者）とに分けられる（小林　2018）。
2．図8-1は理解を促すことを第一とした総体的なモデル図であり，実際は図に示した以外にも多様な資金調達ルートが存在する。

　基準財政需要額を算出し，公立大学法人には運営費交付金として，法人化未実施の自治体立の公立大学には設置団体の自治体会計に，資金が措置される。私立大学には文部科学省による私立大学等経常費補助金のうち，一般補助が基盤的経費として措置されている。

　競争的資金には，文部科学省による各種補助金や，科学研究費助成事業（以下，科研費）がある。科研費は研究費であり，学問領域に関係なく，基礎から応用と幅広く提供される。他に私立大学には，前述の私立大学等経常費補助金のうち，特色に応じ重点配分される特別補助がある。

　設置形態にもよるが，以上の他にも施設設備費の補助や，日本私立学校振興・共済事業団による貸付事業によって資金の調達が可能である。また日本学生支援機構は，政府ならびに金融・資本市場から資金を調達し，学生個人へ奨学金を主として貸与している。

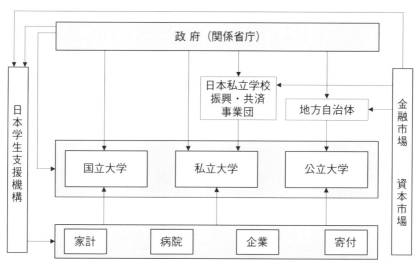

出所：水田（2009）を参考に著者改編。

図8-1　大学への主な資金の流れ

（3）大学教育の費用負担と各機関の経営

先に述べたとおり，大学財政，すなわち大学教育の費用負担のあり方が大きな問題となっている。日本の高等教育に対する公的負担の少なさはよく知られているが，国公私間格差の議論もあり，公的負担の増大を求める声は大きい。他方で政府財政や国民負担率の低さ，大学教育というサービスの私的性格から，私費負担の増加はやむを得ないという声もある。私費負担の最たるものは授業料だが，国私間の格差も 2015 年には 1.6 にまで縮まった（表 8 - 1）。法人化後の国立大学では，各機関の裁量で国が定める授業料標準額の 20 ％を上限に授業料を設定できる[3]。だが大学教育の機会均等の保障から，値上げには慎重な声も強い。

費用負担のあり方が問われる中，1990 年代以降の大学改革では，各機関の自助努力に期待する（せざるを得ない）傾向が強い。国立大学は法人化により，大学運営全般に権限と責任を有す組織体へ移行した。そして中期目標・中期計画の下で，健全性・効率性・収益性・発展性・活動性を考慮した財務戦略を策定して，説明責任を果たすことが必須となった。これは公私立の大学も同様である。各機関は，各種指標に基づく経営分析から，「大学市場」上の自身の相対的位置を客観的に把握し，

表 8 - 1　国公私立大学の授業料・入学料の推移

	国　立（円）		公　立（円）		私　立（円）		私立／国立（比）	
	授業料	入学料	授業料	入学料	授業料	入学料	授業料	入学料
1975	36,000	50,000	27,847	25,068	182,677	95,584	5.1	1.9
1985	252,000	120,000	250,941	179,471	475,325	235,769	1.9	2.0
1995	447,600	260,000	440,471	363,745	728,365	282,574	1.6	1.1
2005	535,800	282,000	530,586	401,380	830,583	280,033	1.6	1.0
2015	535,800	282,000	537,857	397,721	868,447	256,069	1.6	0.9

出所：文部科学省「国公私立大学の授業料等の推移」より作成。

3．国立大学法人化時（2004 年）の上限は，標準額の 10 ％の範囲内とされていた。上限が 20 ％となったのは 2007 年度からである。

教育研究の質的向上（エクセレンス）を目指して，実現可能性の高い財務戦略を策定し，効果的・効率的な資金の調達と配分を行うことが求められているのである。

2. 国立大学の財務

(1) 国立大学の法人化

　国立大学は 2004 年に法人化した[4]。法人化は，各法人の自主性・自律性を高め，裁量権を拡大させた。各法人は，中期目標・中期計画の下で年度計画を遂行し，監査と評価を受ける PDCA サイクルを実施する組織体へ移行した。このサイクルの実施には，各法人の財務管理が肝要となる。法人化以前は国立学校特別会計制度の下で，全国立大学の財務活動が管理されていた。だが法人化後，各法人が国民その他の利害関係者に対し財政状況や運営状況に関する説明責任を果たすことが義務づけられ，統一ルールに基づく財務諸表の作成と公表を行うようになった[5]。国立学校特別会計制度に代わる国立大学法人会計基準は，企業会計原則を基本に，先行の独立行政法人会計基準を参考としながら，教育研究を担う国立大学法人の特性を考慮して作成されている。公共的な性格から利益追求を目的とせず[6]，独立採算制も前提とされていない。そして政府からは各法人に，使途を特定されない渡し切りの資金である運営費交付金が措置される。運営費交付金は，各法人が文部科学大臣に提出する年度計画に従い，年度計画にある教育研究の確実な実施に必要な支出額を運営費交付金対象事業費として計算し，授業料や病院収入等の自己収入を推計した上で，前者から後者を差し引き措置される。

4．国立大学の「法人化」をめぐる長い歴史については，天野（2008）を参照。
5．貸借対照表，損益計算書，キャッシュ・フロー計算書，利益の処分又は損失の処理に関する書類，国立大学法人等業務実施コスト計算書，附属明細書の 6 点。
6．国立大学法人会計基準では，中期目標・中期計画に従い事業を実施すれば損益が均衡する制度設計となっている。損益計算で発生する利益は，経営努力の結果（経費節減や自己収入の増加）とみなされる。

（2）法人化後の財務状況

　それでは法人化後の財務状況を確認しよう。なお紙幅の都合と会計期間における財務状況の確認に主眼を置くことから，ここではフロー，特に収益に限定する。またすべての国立大学に共通する基盤的な経費すなわち運営費交付金と，競争的資金との関係性を注視したいことから，附属病院収益については限定的に取り扱うこととする。

　図8-2によると，法人化された2004年度以降，基盤的財源である運営費交付金収益は2014年度を除き，一貫して経常収益全体に占める割合を低下させた。法人化初年度の2004年度が63.3％（10,871億円）であり，2016年度には50.4％（9,729億円）まで減少した。自己収入である学生納付金収益は微減し，2004年度に20.7％（3,560億円）であったが，2016年度には17.9％（3,454億円）となった。他方で年々割合を高めているのが競争的資金である。2004年度には9.6％（1,648億円）であったが，現在は22.3％（4,293億円）にまで拡大した。つまり，86国立大学法人全体の経常収益の構成は，基盤的経費の割合が小さくなる一方，競争的資金の割合が高まる方向へその構成が変化していることが理解できるのである。

　なお，国立大学は機関ごとに財務構造が大きく異なる。そこで文部科学省が示す大学分類からいくつかの法人を選択し，大学間比較を行ったのが図8-3である。経常収益に占める割合は，運営費交付金が22.3％〜67.8％，競争的資金が2.8％〜31.0％と大学間で異なる。運営費交付金の占める割合が低い機関は，附属病院を有しているからである。とはいえ運営費交付金は，どの分類でも機関の基盤形成に資する資金であることがわかる。先に基盤的経費から競争的資金へというトレンドを確認したが，学問領域の特性から競争的資金の獲得が難しく，その金額が少額とならざるを得ない機関では，運営費交付金の減額が機関の経営に大きな影響を及ぼすであろうことが容易に想像できよう。

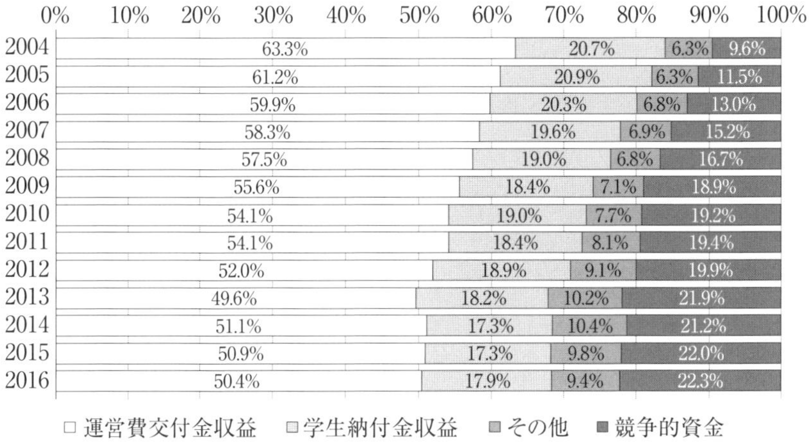

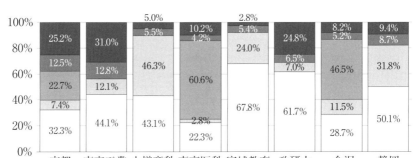

図 8 - 2　86 国立大学法人の経常収益の構成の推移（附属病院収益は除く）

図 8 - 3　法人別にみた経常収益の構成

注：図 8 - 2・図 8 - 3 ともに競争的資金は，損益計算書上の受託研究等収益，寄付金収益，
　　補助金等収益，研究関連収益の合計額である。なお科研費の間接経費は，研究関連収
　　益に含まれる。図 8 - 3 は 2016 年度決算値。
出所：86 国立大学法人の損益計算書より著者作成。

3. 公立大学の財務

（1）公立大学の法人化と現状

　公立大学は，地方自治体によって設置・管理・運営されていた。だが地方独立行政法人法（以下，地独法）により地方自治体は，公立大学を設置する公立大学法人を設立し，同法人に設置・管理・運営を委ねることが可能となった。2018 年 5 月現在，92 大学中 80 大学が法人化した[7]。

　公立大学法人も学長のリーダーシップの下，国立大学法人と同様に PDCA サイクルを基調とするが，会計制度も大きく変更された。表 8-2 は公立大学法人と公立大学（非法人化。地方自治体の一般会計制度を適用）との会計制度の違いを示したものである。公立大学法人会計は，企業会計原則に準拠し，教育・研究に従事する特性を踏まえ，独立行政法人及び国立大学法人の会計制度を参考に設計され，財務諸表等の作成が義務となった[8]。公立大学法人も独立採算制をとっていない。地

表 8-2　公立大学法人及び公立大学会計の概要

	一般会計（公立大学）	公立大学法人
会計の主目的	予算とその執行状況の報告	財政状態・運営状況の開示
管理の主眼	資源の投入管理 予算の確保・獲得 （事前の管理を重視）	目的達成（＝成果）とそれに 要したコストとのバランス （事後評価も重視）
記帳形式	単式簿記	複式簿記
認識基準	現金主義	発生主義
決算書類	設立団体の決算の一部	財務諸表 事業報告書 決算報告書
会計の単位	設立団体の決算の一部	各公立大学法人ごと

出所：関口・手島・藤原（2014，p.112）より転載。

7．一般社団法人公立大学協会（2018）「未来マップのための 16 の課題」による。
8．公立大学法人が作成する財務諸表は，貸借対照表，損益計算書，キャッシュ・フロー計算書，利益の処分又は損失の処理に関する書類，行政サービス実施コスト計算書，附属明細書である。

独法第 42 条により，業務に必要な金額が，使途を特定しない渡し切り
の資金である運営費交付金として設立団体から交付される。

（2）法人化後の財務状況

　ここでも国立大学と同様に附属病院を除いた収益を見ると，2016 年
度の経常収益は，運営費交付金収益が 53.9%（1,757 億円），学生納付金
収益が 25.8%（839 億円），競争的資金が 11.9%（386 億円），その他が
8.4%（275 億円）となっている。次に公立大学協会（2017）を用いて，
2005 年度と 2015 年度における経常収益の構成の違いを見てみよう（図
8-4）。運営費交付金等が 66.2%（1,854 億円）から 54.2%（1,687 億円），
学生納付金収益は 28.1%（786 億円）から 26.2%（815 億円），競争的資金
等が 3.1%（88 億円）から 7.8%（243 億円）へと推移していた。経常
収益に占める運営費交付金の割合は大きく減少し，学生納付金収益は微
減，対して競争的資金等の割合が微増していることが理解できる。なお
公立大学は大学間統合を行いつつも，機関数と学生数が増加傾向にある。
ゆえに設置自治体による学生一人当たりの財源措置は減少している[9]。

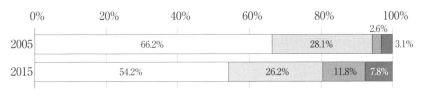

注：2005 年度に公立大学として存在した 73 大学を集計した数値である。
出所：一般社団法人公立大学協会（2017）「公立大学の諸課題とその将来構想に向けての
　　　議論」中央教育審議会大学分科会将来構想部会（第 3 回）資料（平成 29 年 7 月 28 日）
　　　より診療収入等を除外して著者作成。
図 8-4　公立大学の経常収益の比較（附属病院収益は除く）

9. 学生一人当たり基盤的経費は，2005 年度が 1,305 千円，2015 年度が 1,148 千円
　であり，12% の減額となった（公立大学協会 2017，p.11）。

4. 私立大学の財務

（1）私学助成と学校法人会計

　私立大学等への経常費補助は，1970年に創設された私立大学等経常費補助金によって始まった。1975年には私立学校振興助成法が成立し，同補助金は予算補助から法律補助へと性格を変更した。また，一般補助と特別補助とにも区分された。同補助金は初年度の1970年に132億円が計上されて以来，1981年まで対前年伸び率8.8〜57.3%の範囲内で増額された[10]。だが1982年以降は伸び率が急落し，2015年度の同補助金の割合は経常的経費の9.9%であった。

　私学助成の開始に伴い，補助金の適正な配分及び会計処理の統一化・標準化を図る目的で，1971年より学校法人会計基準（以下，基準）が策定された。基準の最大の特徴は，財政基盤の安定を図る仕組みとして採用された基本金制度（基準第29条）である。基本金は学校法人がその諸活動の計画に基づき必要な資産を継続的に維持するために必要な金額を，あらかじめ事業活動収入のうちから組み入れるものである[11]。なお基準は2013年一部改正が行われ，2015会計年度から新基準が適用されている。これは経営判断への示唆や説明責任の強化によるもので，新たな計算書類の作成が義務づけられた[12]。

（2）私立大学の財務状況

　ここでは日本私立学校振興・共済事業団（2017）による『今日の私学財政』を用いて，フローを確認する。2016年度の事業活動収支計算書（医

---

10. 1980年度の私立大学等経常的経費に占める同補助金の割合は，29.5%であった。
11. 基本金は，その性格に応じて4種に区分される。なお基本金制度は，1987年と2005年に基準の改正が行われている。
12. 従来の資金収支計算書には附属表として活動区分資金収支計算書が追加され，消費収支計算書は経常的・臨時的収支を区分した事業活動収支計算書の作成に改められた。貸借対照表にも勘定科目の新規追加など軽微な改正が行われた。

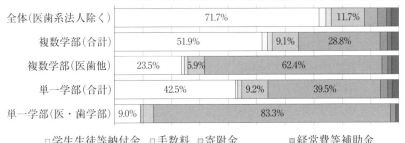

出所：日本私立学校振興・共済事業団『今日の私学財政』（大学・短期大学編）（2017）より著者作成。

図 8 – 5　私立大学法人の事業活動収入の構成

歯系法人を除く）によると，507 大学法人の事業活動収入は 3.7 兆円であり，その内訳は教育活動収入が 95.7％（3.5 兆円），教育活動外収入が 1.7％（609 億円），特別収入が 2.6％（976 億円）であった。このうち教育活動収入の内訳を見ると（図 8 – 5），学生生徒等納付金が 71.7％（2.6 兆円），経常費等補助金が 11.7％（4,300 億円）であり，私立大学法人の納付金への依存体質と，私学助成の経常費に対する寄与が理解できる。当然だがこの同納付金の依存体質は，各大学の系統（設置学部の領域）によって異なる。付随事業収入（医療収入）がある医学部・歯学部では，依存度が低い。図示はしていないが，同様のデータを見てみると，その他の系統でも同納付金が授業活動収入に占める割合の分布には幅があり，複数学部を設置する私立大学では 23.5％〜73.9％，単一学部では 9.0％〜82.4％と分布に差がある。さらに私学助成の割合も様々であり，これらの資金が私立大学の財務経営上，重要な財源であることがわかる。

5. 大学財務マネジメントの課題

　低成長時代かつ超高齢社会にある日本では，今後も高等教育財政が好転する見込みは乏しい。一方で大学教育の家計負担にも限度がある。日本学生支援機構がいう「学生の『2.7人に1人』が本機構の奨学金を利用」（2018年3月）という現実は，その証左とも見てとれよう。しかしながら健全な財務なくして各機関の教育研究の質の向上は期待できない。特に本章では紙幅の都合から割愛したが，大学は知識集約的な組織体であるため，人件費は最大の支出費目となる。教育研究を支える「ヒト」の処遇と負担をどのようにするべきか。最近では日本の大学教員給与も，年俸制や業績との連動など様々な施策が打ち出されてはいるが，それでもなお給与体系の硬直化が見られるのは否めない。職員給与と合わせて，単なる経費節減ではなく，組織と個人の両レベルでの望ましい人件費管理の検討が求められる。なお人件費管理と授業料設定は，対になる。授業料設定は財務マネジメントだけの単一の問題ではなく，学生募集戦略にも影響する（第13章）。各機関では経費節減はもちろん，管理会計体制を整え，教育研究コストを算出し，適切な授業料設定を行う必要がある。

　さらにこれまでの日本の大学は，学生数の伸びを見込むことができたため，基本的にはフローベースの財務戦略を計画すればよかった。しかしながら大学が今後迎える環境を考慮すれば，フローベースに加えて，ストックベースの財務戦略も構築する必要がある。法人化した国立大学の中には，財務シミュレーションにより当面の資金繰りを想定し，余裕金や滞留資金等の短期・長期での運用など資金管理ガバナンスの戦略的方策を構築した法人も多い。資産運用にはリスクも伴うが，そのリスクの管理体制も含めて，財源の多様化をいかに成し遂げるかも検討する必要がある。また教育研究環境に直結する施設設備の修繕・新設コストの

確保，運用のマネジメントといったキャンパス計画（第9章），評価性資産の寄付をはじめ民間資金の流入を促す寄付税制のあり方など，機関・政府の双方のレベルで課題は多い。

　各機関の永続的発展を保障する資金をどのように調達し，配分するのか。今後ますます厳しくなる大学経営において，財務のマネジメントは国公私を問わず，すべての機関に共通する課題であるといえよう。

学習課題

1．本章で試みた財務分析はきわめて限定的である。各大学の財務諸表を収集し，人件費や資産・負債に関する大学の財務分析を試みてみなさい。
2．各大学が公表する戦略計画や事業報告書等を入手し，各大学がどのような財務経営戦略を立てているのか比較分析を行ってみなさい。

参考・引用文献

- 天野郁夫（2008）『国立大学・法人化の行方』東信堂
- 公立大学協会「公立大学の諸課題とその将来構想に向けての議論」（2017 年 7 月 28 日開催 中央教育審議会大学分科会将来構想部会（第 3 回）資料）
- 公立大学協会（2018）『時代を LEAD する公立大学 未来マップのための 16 の課題』
- 国立大学財務・経営センター（2004）『国立大学法人経営ハンドブック』
- 小林雅之（2018）「高等教育費負担の国際比較と日本の課題」『日本労働研究雑誌』 No.694
- 関口恭三・手島貴弘・藤原道夫（2014）『公立大学法人の制度と会計 制度設計編』 株式会社朝陽会
- 独立行政法人日本学生支援機構（2019）「日本学生支援機構について」
- 日本私立学校振興・共済事業団（2017）『今日の私学財政』平成 29 年度版
- 丸山文裕（2018）「大学の財務管理」『大学経営・政策入門』東信堂
- 水田健輔（2009）「日本の高等教育をめぐるマクロ財政フローの分析」『高等教育 研究』第 12 集
- 山本清（2018）「大学の人事管理」『大学経営・政策入門』東信堂

9 │ 施設のマネジメント

両角　亜希子

《**目標＆ポイント**》　大学の経営戦略の一環としてキャンパス計画と施設戦略を位置づけ，施設の中長期的な投資と維持，スペースの有効利用，エネルギーの利用の削減や効率化について，具体的な取り組みを紹介しながら論じる。
《**キーワード**》　キャンパス計画，施設維持・管理，施設設備費補助金，スペース，省エネ，サステイナブル・キャンパス

1. キャンパス計画と施設戦略

（1）経営戦略の一環としての施設マネジメント

　施設は，人材・資金・情報と同様に，経営資源の１つであり，大学の財務管理，あるいは教育研究や社会貢献活動の高質化という観点からきわめて重要な役割を果たしている。施設マネジメントでは，大学の理念やアカデミックプランの実現を目的として，総合的かつ長期的な観点から，施設についての戦略的な運営を行う。その際に，教育研究や財務の戦略と整合性を図りながら，最小限の投資により最大の効果をあげることを目指す。具体的には，施設の新増築や改修等の工事を伴う事業のみならず，定期的な修繕・更新や点検保守等の維持管理，既存施設の学内での再配分や利用効率の向上，光熱水費の削減等の省エネルギー対策，さらにはこれらに必要な財源確保など，施設全般に関わる様々な取り組みである。キャンパスの持続可能性や将来像を左右するのが施設マネジメントであり，大学経営の一環としての施設マネジメントの重要性が増

しているが，現在の施設マネジメントの取り組みや成果はまだ十分でなく，日本学術振興会（2017）は大学評価システムにおいてキャンパスデザイン整備も評価対象とすべきという提言を出している。

（2）トップマネジメントによる PDCA サイクルの構築

施設マネジメントを行っていく上では，施設関係の職員・管理職のマネジメントだけでなく，トップマネジメント層が施設の戦略性を理解した上で，主体的で責任ある参画を行うことが不可欠になっている。学内横断的な実務体制を構築し，学内の合意形成を図り，実効性のある施設マネジメントを実施するために，施設利用者への普及啓発を行い，施設マネジメントの取り組みを理解してもらい，参画意識を醸成することが不可欠である。例えば，名古屋大学では1990年代半ばから全学的マスタープランを教職共同で作成している。このようなトップマネジメントによる全学的体制を構築した上で，施設マネジメントの実施にあたり，PDCA サイクル(図9-1)を確立し，取り組みを継続的に改善していくことによって教育研究環境の持続的向上を図る仕組みを構築することが必要である(国立大学等施設の総合的なマネジメントに関する検討会　2015)。

図9-1を簡単に説明する。Plan では，大学の理念やアカデミックプラン，経営戦略等を踏まえて「キャンパスマスタープラン」を作成する。その際に，教育研究等にもたらす効果を想定し，施設の整備・管理目標を設定し，教育研究等にもたらす効果の評価指標（表9-1）を設定する。こうした指標は他の要因からの影響も受けるが，教育研究等のために施設整備をするという視点を意識的に持ち，その観点から効果を検証することが求められる。Do では，既存施設の現状を把握し，施設整備・管理目標を達成するための方策を実施する。その際に，財源確保なども含めた施設整備計画・施設修繕計画等の中期的な行動計画に基づき，事

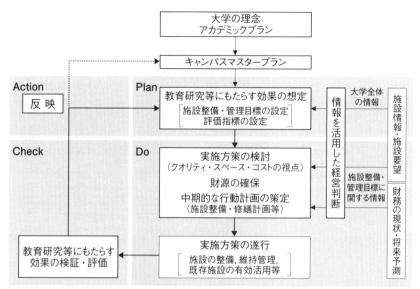

出所：国立大学等施設の総合的なマネジメントに関する検討会（2015）。

図9-1　施設マネジメントの PDCA サイクル

務部局に実施方策の遂行を指示する。Check では，実施の進捗状況を確認するとともに，上述の評価指標により，当初想定した教育研究等にもたらす効果の検証・評価を行う。Action では，検証・評価の結果を，次のサイクルでの教育研究にもたらす効果を検討する際に活用する。このように中期的な行動計画について PDCA サイクルを確立するとともに，毎年の取り組みについても短期間の PDCA サイクルにより検証・評価することが必要である。

　施設の管理を適切に行っていくためには，（ア）施設の質の管理（クオリティ・マネジメント），（イ）施設の運用管理（スペース・マネジメント），（ウ）施設にかかるコスト管理（コスト・マネジメント）の3つの視点が必要である（図9-2）。この3つの観点から，順に説明していく。

表9-1　教育研究等にもたらす効果と施設整備管理目標等

教育研究等にもたらす効果		施設整備・管理目標	評価指導
数学	・幅広い教育取得 ・高度で専門的な教育の実現 ・豊かな学修活動	・能動的な活動を取り入れた授業のためのスペースの確保 ・授業時間外の学修スペースの確保 ・図書館機能の強化　等々	・授業満足度 ・志願倍率 ・学生発表論文数　等々
研究	・卓越した研究拠点の形成 ・多様な研究活動の促進 ・研究者の交流機会の増加 ・地域との共同研究の促進	・新たな研究スペースの確保 ・共同利用研究スペースの確保 ・交流スペースの確保　等々	・研究実績 ・論文引用数 ・特許保有数 ・科研費の採択数 ・受託研究等の件数　等々
国際化	・キャンパスの国際化 ・留学生，外国人研究者等への対応	・留学生宿舎の整備 ・案内板の多言語表示 ・外国語学修スペースの確保　等々	・留学生，外国人研究者等の増加 ・留学生，外国人研究者等の満足度 ・日本人学生の留学生数等々
社会貢献	・地域，社会との共生 ・生涯学習機能の充実	・博物館，カフェ等整備 ・屋外環境整備　等々	・博物館等の入館者数 ・公開講座受講者数　等々

出所：国立大学等施設の総合的なマネジメントに関する検討会（2015）。

出所：国立大学等施設の総合的なマネジメントに関する検討会（2015）より筆者作成。

図9-2　施設マネジメントで必要な3つの視点

2. 施設の質の管理－クオリティ・マネジメント

　クオリティ・マネジメントでは，高度化・多様化する教育研究に対応する機能性，防災・事故防止等の安全性，施設利用者の快適性・利便性を確保し，個性的で魅力あるキャンパス作りを進めるとともに，施設の長寿命化，省エネルギー・省資源に配慮した施設水準の向上を図る。

　教育研究の高度化のための施設・空間作りが重要性を増している。大学教育では何を教えるか（ティーチング）から何を学んだか（ラーニング）への転換が進んでおり，その中でアクティブ・ラーニングなどの教育方法を用いて，汎用的な能力を獲得することが重要になっている。そうした中で学生の学習支援のためのラーニング・コモンズ（山内　2010，溝上　2015）が作られているが，学生同士が互いの様子を見て刺激し合えるようにアクティビティの可視化，学生・教職員の相互交流を誘発する仕掛けの用意，空間の使われ方の変化に対応可能な融通性などを配慮した施設が多く作られ，活用されている。イノベーション創出に寄与する最先端の研究施設という観点では，例えば，京都大学iPS細胞研究所では，オープンラボ，交流スペース，フレキシビリティを重視して設計された。スペースメイキングから，プレイスメイキング（場作り）という考え方に変化しつつあり，計画者でなく使う側が主役で，人間の活動を考えて施設を作るようになっている。例えば，共愛学園前橋国際大学では，ラーニング・コモンズを設計する段階から学生の意見を取り入れ，運営も学生が参加しており，まさに主役は学生である。

　省エネルギー対策として，エネルギーの見える化や省エネルギー機器の採用など，キャンパス全体での省エネ化も進みつつある（文部科学省大臣官房文教施設企画部参事官　2017）。省エネは地球環境のためのみならず，光熱水費のコスト削減にも貢献するため，4節で扱うコスト・

マネジメントの観点からも重要な課題である。例えば，福井大学では，主要5キャンパスで管理一体型の ESCO 事業（民間の技術ノウハウで省エネ・省コストを実現し，削減された光熱水費で事業者への初期投資分の償還を行うスキーム）を 2015 年から導入し，導入前より 18% 以上のエネルギーと CO_2 を削減させた。地球環境への配慮という観点では，省エネ・省資源からさらに一歩進み，サステイナブル・キャンパス，地域環境を構成する大学キャンパスという考え方が出ている。欧米で議論と実践が先行しているが，日本でも 2014 年にサステイナブル・キャンパス推進協議会（CAS-Net JAPAN）が設立され，持続可能な環境配慮型社会の構築に貢献する大学キャンパスを促進する取り組みの一環として「サステイナブル・キャンパス評価システム」を作っている。「運営」「教育と研究」「環境」「地域社会」の4部門についてアンケート結果から 170 の評価基準で評価し，4 ランク別の認定（ブロンズ・シルバー・ゴールド・プラチナ）を受ける。

キャンパスは優れた都市空間や都市景観の形成で貢献できる。大学は時代や社会の動きに左右されにくい存在で，地域の知的産業の空間拠点，大学の歴史的建築物は，大学のイメージ形成に寄与するだけでなく「まち」の歴史的景観の重要な要素でもある。大学図書館やホールは市民のための場所でもあり，大学は周辺市街地とのつながりを持つことで機能の相互補完をするなど，地域の活性化や地域との関係作りという観点からも重要である。

3. 施設の運用管理－スペース・マネジメント

（1）スペースの全学管理と適切な配分

従来の管理手法では，学内構成員の施設に対するコスト意識がなく，施設維持の重要性をあまり認識してこなかった。スペースは部局間・教

員間で平等に配分されがちで，いったん施設を利用すると，既得権意識を持ちがちであった。そのため，スペースの不足がある一方で，スペースが硬直化し，利用率の低い部屋の存在，同じ機能を持つスペースの重複などの非効率的な施設利用の問題があり，学内の施設を十分に活用できていなかった。

　スペース・マネジメントでは，学生・教職員によるスペースの必要以上の専有や既得権意識を排除して全学的にスペースを管理し，目的・用途に応じた施設の需給度合いや利用度を踏まえながら，既存スペースを適切に配分し，施設の有効活用を積極的に行う。学部や学科の新設など，教育研究内容の新たな展開等によって施設需要が生じる場合においても，まずは既存施設の活用を十分に検討することが重要である。近年，競争的資金やプロジェクト研究の増加，若手研究の自立支援など教育研究活動に必要なスペースは増加し，不足する傾向にある。固定的に利用するのでなく期間を限定した利用を中心に考えて，弾力的で流動的に利用できる共同利用スペースの確保が必要となっている。また，施設の新増築はその後の施設管理に関わるコスト（定期的な改修費や毎年の維持管理費，光熱水費等）の増大につながることを認識した上で，保有施設の総量の最適に保つ必要がある。また，改修等の際には，教育研究活動の変化に柔軟に対応できるような可変性を有した計画としておくことが望ましい。

　このように，施設の集約化や減築，既存施設の活用による新増築の抑制などによって，保有施設の総面積を抑制して，施設管理コストを削減すること，また共同利用スペースを確保するなど，施設を全学的に管理し，スペース配置の適切化や集約化，戦略的な配分など有効に活用することが重視されるようになっている。そのためには施設は教員個人のものでも部局のものでもなく大学全体の資産であり，皆で修繕をしていく

という認識の共有やそのための仕組みが必要である。また，自前で学内施設を作ることばかりを考えるのではなく，地域や他大学との連携を含めて学外施設の活用も視野に入れる必要がある。

　スペースの管理は，施設の使用状況等を把握し，施設管理システム等によるリアルタイム管理した上で，その有効活用のために，スペース情報の公開，既存スペースの使用実態に基づく再配分（適正化），経費負担制度の導入と学外への施設貸付といった手順を踏むことが考えられる（国立大学財務経営センター　2006）。例えば，講義室の稼働率を調査し，共同講義室にして，その稼働率を上げる，休日夜間の活用などといった具合である。会議室を異分野の研究者が集い交流するスペースに改修，書架と閲覧テーブルが並べられた空間をアクティブ・ラーニング・スペースに改修するなど，もともとの目的と異なるスペースとして再配分することもある。

（2）スペースの適正管理の事例

　具体例に対する関心は特に国立大学で高く，計画的な修繕と財源確保，既存スペースの再配分に焦点を絞った事例集（文部科学省大臣官房文教施設企画部　2015）が経営層に向けて出されている。この事例集によると，国立大学の施設保有面積に対する共用スペースは，2007年に6.0%だったが，2015年に8.2%と少しずつ増えている。また，スペースチャージ制は，付属病院を有する総合大学，理工系大学，医科大学ではすでに全大学で導入されるなど急速に広がっており，こうした制度を導入しないと維持費が負担できなくなっているといえよう。国立大学全体でスペースチャージ対象面積は，総保有面積の8.1%に相当し，その対象面積の約85%が，研究・実験・ラボ等のスペースとなっている。スペースチャージ料金は，ほとんどが維持管理費や営繕費に充てられている。

　いくつか事例を紹介する。京都大では,施設系職員が現地調査を行い,各部色の修繕要望調査を実施し,老朽状況を見える化した上で,施設修繕計画を策定して,部局等にもその費用を負担してもらうことを施設整備委員会で審議・決定し,必要予算 46 億円のうち,各部局から約 14 億円を確保すると同時に,施設の使用・維持コストについて施設利用者の意識を醸成し,効率的な使用に繋げている。また,千葉大学は 2010 年より,従来すべて部局等の占有であった大学施設の一部を全学共同利用スペースに指定し,それをさらに,競争的スペースと共通的スペースの 2 種類の用途で確保し,これらは利用者にスペースチャージを導入した。スペース使用料を当該スペースの維持管理の財源として部局で単価を設定できるとして,部局等占有スペースの全学共同利用スペースへの転換を誘導した。それにより施設を建設することなく,学内施設の有効かつ戦略的活用を実現した。いずれの事例でもコストを透明化し,誰が負担するかを議論することで,コスト削減の意識も強まる効果が見られる。

4．施設にかかるコスト管理－コスト・マネジメント

（1）コストの認識・把握の重要性

　施設費といえば,整備のための初期の建設コスト（イニシャルコスト）に関心が向きがちだが,整備後の定期的な改修費や毎年の修繕費,保全費,光熱水費等のランニングコストが将来にわたり継続的に必要で,ランニングコストはライフサイクルコスト全体の約 7 割を占める（国立大学等施設の総合的なマネジメントに関する検討会　2015）。このため,施設の新増築等を計画する際には,ランニングコストも含めて費用対効果を考慮し,施設の規模やグレードの検討をすると同時に,施設の機能改善・維持に必要額を検討し,負担方法や戦略的な財源の確保など十分に検討することが必要である。

（2）国立大学の場合

　法人化後の国立大学では，施設整備は基本的に国の責任で，国が措置する施設設備費補助金を基本的な財源としている。そのため，施設の減価償却は費用として財務諸表上に明らかにされているが，それに対応する内部保留は行われていない。毎年，国立大学法人から改修や新規施設整備のプロジェクトを提案させ，外部有識者からなる評価委員会に一定の基準に基づく評価をさせて，採択プロジェクトを決定している。この他に大学改革支援・学位授与機構が一括調達する財政融資資金からの借入れや各法人の自己収入による整備が可能となっている。

　法人化で国有財産から法人資産になったことから，保守管理や小規模修繕等は国立大学法人が責任を持って行うことになった。運営費交付金では，日常的な施設の修理・保守などの営繕活動に関する経費を措置する形で，教育等施設基盤経費として各大学が保有する施設の面積を基準として算出，交付される。

　国立大学の施設整備については，2001 年から国の科学技術基本計画を受けて策定された「国立大学法人等施設整備 5 か年計画」に基づき整備充実が図られて，現在は「第 4 次国立大学法人等施設整備 5 か年計画（2016〜20 年）」が進行中であるが，国の公共施設整備に関する政策に大きく左右される面が否定できない。国の施設整備費補助金は国立大学の施設整備需要の 1/3 程度にすぎず，法人化以降，保有面積は 10％増加したのに対して，施設管理予算は 10％減少しており，施設運営費の確保が困難になっている（文部科学省　2015）。その上，施設の著しい老朽化が進行しており，このままの状況では事故発生等のリスクが増大するのではと危惧されている（文部科学省　2017）。国立大学等における施設に関わる支出（新増改築費，改修費，維持管理費及び光熱水費）は，国立大学等の支出全体の約 16％を占めているものの，国立大学の平均

の維持管理費は 2,450 円／㎡で，私立大学平均の 5,350 円／㎡の半額以
下である。

　国立大学財務・経営センターが 2012 年に行った財務経営担当者調査
では，「法人化以降，施設の維持・管理できわめて大きな問題が生じて
いる」と 68. 6％の担当者が回答。他のどの項目よりも施設の維持・管
理問題が深刻に捉えられている。現状の仕組みに課題はあるものの，同
センターが 2014 年に実施した調査では 56. 5％の大学が「個別大学に過
剰な債務負担を回避する現行制度継続」を希望している。

　こうした状況の中で，寄付や民間資金を活用した施設整備に高い期待
が寄せられており，事例集もまとめられている（文部科学省大臣官房文
教施設企画部計画課整備計画室　2009）。例えば，先端医学・生命科学
研究教育に関する拠点形成を目指した増築を寄付で行った神戸大学，地
方自治体と連携し，廃校校舎を活用したキャンパスの整備を行った東京
芸術大学，太田市が新築した施設の一部を，太田キャンパスとして有償
借用している群馬大学，目的積立金と財団からの寄付を組み合わせた融
合型生命科学総合研究棟を整備した大阪大学など，多くの好事例が紹介
されている。国立大学財務経営センターの 2014 年調査では，病院以外で，
民間からの長期借入れを実施しているのは 55％，民間の資金やノウハ
ウを利用する PFI（Private Finance Initiative）事業の実施が 59％となっ
ている。また，コストの削減については，省エネによる光熱水料の削減
等の他，トイレットペーパーやパソコンなどの消費財や備品を他大学と
一括して購入して単価を下げる共同購入などの経費削減も同時に進んで
いる。

　紙幅の関係で詳しく述べられないが，公立大学の場合は，国の予算で
公立大学の設備等への補助として公立大学等施設整備費等補助金はかつ
てあったが，2003 年で廃止されており，設置自治体が施設整備に責任

を負う制度になっている。

（3）私立大学の場合

　国公立大学と異なり，自前での整備・維持が基本である。耐震改修，バリアフリー，ブランディング研究装置・設備，アスベスト，防災機能強化などを目的とした施設整備費補助金もあるが，補助率も2分の1で，予算も年々減少傾向にある。

　『今日の私学財政（平成30年版）』によれば，全支出に占める施設整備等に関する支出の割合は約13％，減価償却費の経常支出に占める割合は12％と施設設備の費用負担が財政に与える影響は大きい。そうした施設整備の財源は，学生（家計），寄付金，借入金などがあるが，その多くを学生の負担で賄ってきた点に特徴がある。「私立大学等の平成29年度入学者に係る学生納付金等調査」によると，学納金133万円のうち，18万円が施設整備費として徴収されている。浦田（2013）は，家計から徴収した施設設備資金と善意の寄付金により，施設設備支出の大部分を賄ってきたが，施設整備活動による資金収支のマイナス分を，教育活動による資金収支のプラスによってカバーしている大学が少なくないことを指摘している。施設整備で学生や寄付金以外からの収入を模索する動きも見られる。例えば，上智大学は2017年に高層ビル（ソフィアタワー）を竣工したが，2-6階は大学が教室や研究室などに利用し，7-16階部分はあおぞら銀行などのテナントオフィスを配置し，その不動産賃料で留学生支援を充実させる計画で注目を集めた。

　一度に多額の資金を要する施設整備に対する資金調達は，そのやり方によっては一気に収支バランスを崩すため，計画的に資金調達をすることが重視され，学校法人会計制度では，将来の固定資産取得用資金に対応する基本金（第2号基本金）があり，事前に資金計画を立てて，前もっ

て組入れを行い，特定の目的にしか使用しない資金にすることができる。しかし，これは義務ではないので，大学によってどのように将来の施設整備に備えるのかは異なっている。土地の取得などは，対外的問題などで計画通りにいかないことも多いが，だからといって計画がなくてもよいというわけではない。

　建物のイニシャルコストより，ランニングコストの負担が大きいのは私立大学でも同じである。特に，私立大学では，学納金収入が収入の大半を占めるため，学生募集のために施設設備に積極的に投資する傾向があるが，その維持管理費がのちの経営に負担になることもあるし，学内のICT化のコストが負担になっている大学も多い。これは学生募集が厳しくなっている大学のみに起きることとも限らず，すべての大学でコストを把握し，適切な施設設備の規模を見直すことは必要である。これまで施設規模を拡大する方向性のみが考えられてきたが，施設を減らしたり，有効活用したり無駄をなくすなど，より様々な観点で捉える必要が出てきている。

学習課題

1. 参考文献に挙げた施設マネジメントの実践事例を読み，それらの取り組みについて，各大学のウェブサイトでさらに調べなさい。
2. あなたの所属する大学あるいは関心のある大学を取り上げ，施設整備の状況やマネジメントについて調べなさい。
3. あなたの近くにある大学のキャンパスを訪ね，歩いてみることで，その大学のキャンパスの良さや課題を考えなさい。

参考・引用文献

- 浦田広朗 (2013)「私立大学の施設整備を考える―教育の物的基盤への助成充実を」『教育学術新聞』2534 号（2013. 8. 28）
- 国立大学等施設の総合的なマネジメントに関する検討会（2015）『大学経営に求められる施設戦略－施設マネジメントが教育研究基盤を強化する』
- 国立大学財務・経営センター（2006）『国立大学法人経営ハンドブック（2)』（第7章　施設管理）
- 日本学術会議（2017）『（提言）我が国の大学等キャンパスデザインとその整備システムの改善に向けて』
- 溝上智恵子（2015）『世界のラーニング・コモンズ』樹村房
- 文部科学省大臣官房文教施設企画部計画課整備計画室（2009）『新たな整備手法による整備事例集』
- 文部科学省大臣官房文教施設企画部（2015）『大学経営に求められる施設戦略 先進的・効果的な施設マネジメントの実践事例―「計画的な修繕と財源確保」と「既存スペースの再配分」―』
- 文部科学省大臣官房文教施設企画部（2017）『大学経営に求められる施設戦略 先進的・効果的な施設マネジメントの実践事例―「全学的な体制による施設マネジメントの推進」―』
- 文部科学省（2017）『今求められる！戦略的な施設マネジメント―大学経営に求められる施設戦略』
- 山内祐平（2010）『学びの空間が大学を変える』ボイックス株式会社

10 | 大学の評価と IR

福留　東土

《目標＆ポイント》　現在，大学評価は多元的に展開されており，評価への対応は大学にとって大きな課題となっているが，評価の意義が浸透しているとはいい難い。本章では大学評価の目的を論じた後，その仕組みを理解する。さらに，ランキング，内部質保証，IR など，大学評価を巡る現代的動向について学び，大学評価の機能と意義について考える。

《キーワード》　認証評価，法人評価，市場型評価，内部質保証，ランキング，IR

1. 大学評価の種類と目的

（1）大学評価の多元性

　大学において「評価」と名の付く活動は多岐にわたる。「大学評価」を広く捉えようとすれば，これらすべてを含むものとして理解することができる。現代日本で大学評価の中心をなすのは法律によって規定された第三者評価制度である。ただし，義務化された評価以外に第三者評価機関が評価を実施しており，各大学・部局が自主的に外部評価を受けることもある。また，個別授業を評価する授業評価や，授業評価を含みつつ行われる教員業績評価も近年，大学で通常みられる活動となっている。学生に対する成績評価も，個々の学生に対する評価であると同時に，各科目の教育目標が学生による学習成果という形で達成できたかどうかをみるという意味で大学評価の一部といえる。すなわち，大学における評価

活動は多元的な構造を持っている。評価において重要な位置づけにある
とされるのは自己点検・評価であり、これには自主的なものと、第三者
評価を受審する際に求められるものとがある。すなわち、第三者評価に
おいても自己点検・評価がその起点となる。それは大学における評価が、
主体性・自律性を持ったものであることが重視されているからである。

　このように、自己評価やピアレビューの形態によって行われるのが大
学評価の基本的特質であるが、外部者による評価もある。ランキングを
はじめとする市場型評価である。さらには、政府や民間財団等による競
争的資金の獲得も、採択のための基準は各大学の過去の実績や当該計画
の優秀性などであり、採択結果は間接的に大学の評価につながる。

　現代大学とその評価を巡っては、以上のような多元化した評価を、大
学（人）自身が、各評価の相互関係をどう整理し、有機的に結び付けな
がら実施または理解するのかが重要である。それに際しては、各評価が
何を目的とするものであるのかを改めて意識することが不可欠である。

（2）大学評価の目的とは何か

　上記一連の評価は、そもそも何を目的として行われているのだろうか。
もちろん、評価活動ごとに目的や重点の置き方は多様であるが、ある程
度の整理も可能である。一般に、教育評価には形成的評価（formative
evaluation）と総括的評価（summative evaluation）がある。形成的評価は、
評価結果あるいは評価行為を、評価対象の改善に用いる方法である。一
方、総括的評価は評価対象の活動の成果を測定し、評定するものである
（大山　2003）。同じ評価という行為をとっても、どちらを目的に置いて
実施するか、あるいはどちらの目的に立って評価を捉えようとするかに
よって意味は異なってくる。ただし、実際の評価にはこれら2つの側面
が混在しており、明確に切り分けるのはむしろ困難である。学生による

授業評価を例にとると，授業評価は，総括的評価の機能を持つ（学生が授業の趣旨を理解し，授業に満足し，あるいは積極的に学習に取り組んだかどうかを確認する）一方，形成的評価の機能も持つ（何らかの改善すべき点が発見されれば，その結果を以後の授業改善に活用する）。これを無理にどちらかの目的に特化させるのは生産的とはいえない。

　他の大学評価にも同様のことがいえる。法制化された複数の第三者評価は，後にみるように，制度による重点の置き方こそ異なるものの，改善を目指す形成的評価としての側面と同時に，大学教育の質の保証や，社会における公共的存在として果たすべきアカウンタビリティの遂行，すなわち総括的評価としての側面も目的の一部としている。大学評価が何のために存在しているのかを理解し，また評価活動が成果を上げているか否かを判断するには，各目的に即して考えねばならない。評価に関わる大学人は評価の本来の目的をどこまで意識化できているだろうか。あるいは，自己評価書作成がしばしば一連の「作業」と化してしまうように，本来の目的を意識化しにくいプロセスや手法に課題があるのかもしれない。こうした課題については各種評価の実施サイクルの中で改善が重ねられてきた。その解決は依然容易ではないが，大学人が常に評価の目的を意識し，あるいはそこに立ち返ることができるような仕組みを織り込むことが重要であろう。以下，本章を読み進めるにあたっても，各評価の目的がどこにあるのかを意識しながら読んでもらいたい。

2. 日本における大学評価－その歴史と概要

（1）日本における大学評価の端緒

　日本における大学評価はおよそ 70 年の歴史を有している。第二次大戦後，GHQ（連合国軍最高司令官総司令部）及び CIE（民間情報教育局）の指導下で，大学相互の自主的な連合団体として，大学評価と大学教育

の質の向上を目的とする大学基準協会が 1947 年に設けられた。同協会において 1951 年に適格認定（会員資格審査）が開始されたのが日本における大学評価の端緒である。大学基準協会は米国に多数存在するアクレディテーション（基準認定）団体をモデルとして作られた団体である。アクレディテーションは政府の手に拠らない大学同士の主体的な相互評価と質の保証，そして，それを通した教育の質の向上を理念としている。そうした理念は，新制大学の発足とともに，戦後日本の大学の新たな方向性を指し示すものとなることが期待された。その後，相互評価の活動自体は地道に継続され，大学相互の協力体制の構築や教育の質向上に一定の役割を果たした。しかし，その活動は大学内外からその意義を十分に認知されるものとはならず，大学評価が多くの大学人の意識に根づくこともなかった。協会が作成した「大学基準」が文部省による「大学設置基準」として準用されたこともあって，大学としての質の担保については，文部省による設置認可行政が重要な役割を果たす形となり，実質的に大学設置認可が質保証の機能を担う状況が続いた。

（2）自己点検・評価から認証評価へ

　設置認可以外の評価に改めて光があてられた契機は 1991 年における大学審議会答申「大学教育の改善について」とそれを受けた大学設置基準の大綱化であった。各大学にカリキュラム編成の自由が与えられたことと引き換えに，質保証のための自己点検・評価が努力義務化された。謳い文句は「事前規制から事後チェックへ」であった。この後，おびただしい数の自己点検・評価報告書が各大学・学部により刊行された。1998 年には，大学審議会答申「21 世紀の大学像と今後の改革方策について」において，第三者評価機関を設置する必要性について提言がなされた。それを受けて 2000 年，学位授与機構を改組する形で大学評価・

学位授与機構が設置された。国の法律に基づく初めての大学評価機関の誕生である。

　それ以降，同機構では国立大学を対象に数度の試行的評価が実施された。その間，政府では評価の具体的枠組みや方法の検討が進められ，2004 年度から認証評価制度が法制化された。短期大学・高専を含むすべての高等教育機関が 7 年に 1 度，評価を受審することが法律により義務化されたのである。法制化の直後，大学全体を評価対象とする大学機関別認証評価機関として，大学評価・学位授与機構，大学基準協会，日本高等教育評価機構，短期大学基準協会が文部科学省の認証を受けた。認証評価のスキームは，文部科学省の認証を受けた評価機関が定める基準に沿って，高等教育機関が自己評価書を作成し，評価機関により編成される評価委員会が書面及び実地調査を行い，評価基準を満たしているかどうかの認定を行うというものである。評価に際しては，基準を満たしているか否かの判断に加えて，優れた点や改善を要する点の指摘が付される。また，基準を満たすことができず不適合と判定された場合には，認証評価機関が継続して改善状況をモニタリングする仕組みが組み込まれている。

（3）専門職大学院の認証評価及び専門分野別大学評価

　2004 年度には専門職大学院に対する認証評価が法制化され，専門職大学院は機関別認証評価とは別に 5 年ごとに分野別認証評価の受審が義務づけられた。法科大学院の認証評価機関として 3 つの機関が設けられ，その後，経営，会計，助産，臨床心理，公共政策など，着実に分野数が増え，2018 年時点で 17 分野で認証評価機関が文部科学省の認証を得ている。

　また，専門職大学院として制度化されていないため認証評価ではないものの，専門分野別の第三者評価を実施している分野として，工学（日

本技術者教育認定機構，ただし専門職大学院として制度化されている一部分野では認証評価を実施），医学（日本医学教育評価機構），薬学（薬学教育評価機構）等がある。これら分野別の評価では機関別評価以上に，分野ごとの専門的教育の実質に踏み込んだ評価が行われるため，より教育の実態に即した実質的評価や改善提案が得られる場合が多い。

さらに，評価と直接結びつく訳ではないが，専門分野別カリキュラムについて，日本学術会議が2010年より「大学教育の分野別質保証のための教育課程編成上の参照基準」の作成を進めている。2018年時点で31分野の参照基準が作成されている。これは現在，各大学で積極的に利用されているとはいい難い状況にある。しかし，学士課程教育における専門教育の伝統の強い日本においては，今後カリキュラムの面からみた専門教育の質保証のツールとして機能することが期待される。

（4）国立大学・公立大学法人評価

2004年は認証評価の法制化とともに，国立大学法人が発足し，日本の大学制度にとって1つの画期を成す年であった。国立大学法人制度の第一義的な目的は各大学の運営の自律性を向上させることにあり，そのための目標管理，事後チェックの仕組みとして国立大学法人評価制度が導入された。国立大学法人等は6年間の中期目標・中期計画を策定し，文部科学大臣の承認を受ける。文部科学省には国立大学法人評価委員会が設置され，総合的な評価にあたる。同委員会はその際，大学改革支援・学位授与機構（2016年〜）に対して教育研究の状況について専門的見地から評価を要請し，その結果を尊重することとされている。

認証評価が，高等教育機関として教育研究等の全般的な質を担保しているか否かの認定を行う評価であるのに対し，国立大学法人評価は，公的財政支出を受ける法人が自ら定めた目標・計画に沿って成果を上げて

いるかどうかの業績評価としての側面を有している。国立大学法人評価の結果は，次期以降の中期目標・中期計画の内容や運営費交付金の算定に反映される。そのため，国立大学法人の内部においては，認証評価以上に法人評価への対応により精力が注がれるのが一般的となっている。

　また，2004 年度からは公立大学法人制度も法制化され，以降，公立大学の法人化の動きが活発化した。その中で，公立大学法人評価の導入と施行が各公立大学法人において進められた。

（5）市場型評価と大学ランキング

　公的な制度や大学人のピアレビューに基づく評価とは異なる文脈から行われているのが市場型評価であり，多くはマスメディアによって実施される。学生を中心とする消費者に向けた情報提供を第一義的目的としているが，各種市場における競争にさらされる大学にとって無視できない存在となり，大学の経営行動にインパクトをもたらしている。その中でとりわけ影響力を強めているのが大学ランキングである。日本では長年，入学者選抜の難易度としての偏差値ランキングが学生募集及び各大学への社会的評価として強い影響力を持ってきた。そうした一元的なランキングを多元化することを意図して，教育，学生サービス，施設，大学の持つ特色などの側面から大学をランク付けし，多様な指標に基づく情報をわかりやすい形で消費者に提供しようとするメディアが複数存在する。

　また，近年多大な影響力を持つようになったのが国際大学ランキングである。作成主体により指標の重点の置き方や手法は異なるが，2014 年度に公募が行われたスーパーグローバル大学創成支援事業において，世界大学ランキングトップ 100 に入る可能性のある大学が対象として明示されたこともあり，多くの大学においてトップ 100 入りや国際ランキ

ングの上昇が目標として意識されるようになった（第 14 章参照）。米国
など，国内外のランキングが，各大学・部局等の教育研究水準を示す指
標として広がっている国もある。日本でも学生募集や国際競争の観点か
らこうした流れは今度も不可避であろう。ランキングはグローバル化へ
の対応を促進する「目覚まし効果」を持つ一方で，ランキング上昇を具
体的目標とすることは，目標設定の他律化を意味し，自大学の成長とは
直接関係しない評価指標の設定や活動目標の限定化を帰結することにも
繋がりかねない。ランキングに対しては，適度な距離を置いた冷静な対
処が求められているといえるだろう（日本比較教育学会編　2018）。

（6）日本における大学評価の課題と新たな変化

　以上述べてきたように，21 世紀に入って以降，新公共経営（NPM：
New Public Management）の考え方の浸透に合わせるようにして，大
学評価は多角的な進展をみせてきた。そうした中，大学評価を含めた大
学システムのガバナンスとマネジメントは，1990 年代までとは大きく
異なる様相を呈している。今や評価は大学人にとって日常的営為となり，
機関別認証評価と国立大学法人評価は，現在その第 3 期を迎え，これら
評価サイクルはすでに通常の活動にビルトインされているといってよ
い。他方で，上記一連の評価が十分な成果を上げているかと問えば，大
学内外において肯定的な回答が得られることは多くない。評価を受審す
る側も実施する側も，評価による成果が目に見える形で明らかとなって
いないというのが一般的な認識なのである。評価活動には膨大な人員と
作業量が充てられることから，大学人の間に生じる評価疲れは今や大学
における日常語と化している。こうした現象をどのように乗り越えるこ
とができるのか。日本における大学評価は重要な局面を迎えており，一
方，その中で新たな動向も生じつつある。

3. 大学評価の新段階－内部質保証と IR

（1）内部質保証の重視への転換

2011 年度から機関別認証評価は第二期を迎えたが，第一期における課題と反省を踏まえ，内部質保証の重視が打ち出された。2008 年の中教審答申「学士課程教育の構築に向けて」では，内部質保証について次のように記された。「自己点検・評価のための自主的な評価基準や評価項目を適切に定めて運用する等，内部質保証体制を構築する。これを担保するため，認証評価にあたって，評価機関は，対象大学に対し，自己点検・評価の基準等の策定を求め，恒常的な内部質保証体制が構築されているか否かのチェックに努める。自己点検・評価の周期については，不断の点検・見直しに対して有効に機能するよう適切に設定する」。

第二期認証評価の中で内部質保証を最も前面に押し出した大学基準協会では，評価の特徴として「大学内に構築される内部質保証システムの有効性に着目した評価」を挙げ，内部質保証について具体的な考え方を提示している。大学の質保証の第一義的責任は大学にあり，大学はその活動について自己点検・評価を通じて適切な水準を維持し，質向上を図っていくことが求められる。一方，評価機関はこうした質保証のシステムが十全に構築され，有効に機能しているか否かを重視して評価を行う。内部質保証においては，大学教育の実質化に向けた改善メカニズム構築としての質の向上と，大学教育が一定水準にあることのステークホルダーへの説明の双方が求められるとした上で，協会における内部質保証を「PDCA サイクル等の方法を適切に機能させることによって，質の向上を図り，教育・学習その他サービスが一定水準にあることを大学自らの責任で説明・証明していく学内の恒常的・継続的プロセス」と定義づけている。

　内部質保証の考え方は質保証の第一義的な主体が教育機関にあること
を強調するものであり，それは自己点検・評価の重要性を改めて確認す
るものである。ただし，従来の自己点検・評価は第三者評価へ向けた準
備や対策として行われることが多く，その実質的機能がより強く問われ
ることとなった。内部質保証が打ち出されたのは，点検・評価から一歩
踏み込んで，点検・評価によって得られた結果を改善に結び付けていく
自律的な道筋を明確化することを求めるものであるといえる。他の認証
評価機関でも，重点の置き方に若干の違いはあるものの，内部質保証の
考え方が取り入れられ，第二期の認証評価が実施された。2018年度か
ら始まった認証評価の第三期においても，内部質保証は引き続き重要な
課題と位置づけられている。

（2）インスティテューショナル・リサーチ（IR）

　大学評価に関わって，昨今注目されている活動がインスティテュー
ショナル・リサーチ（IR：Institutional Research）である。IRの定義
は多義的だが，IRが先駆的に導入された米国での代表的な定義は，「高
等教育機関の計画立案，政策形成，意思決定を支援するための情報を提
供する目的で，高等教育機関の内部で行われる調査研究」とまとめるこ
とができる。IRについては2008年の中教審審議まとめ「学士課程教育
の構築に向けて」で取り上げられ，私立学校等改革総合支援事業の評価
項目の1つとなったことにより，IRあるいは類似の名称を冠した組織
が多くの大学に急速に普及した。文部科学省によると，2015年，227大
学（30％）が「全学的なIRを専門で担当する部署を設置して」おり，「教
職員の併任による委員会方式の組織を設けている」大学は25％であり，
過半数の大学がIR関連組織を設けている。IR部署に専任職員を配置す
る大学は175大学（23％）であり，専任教員を置く大学は10％である。

IR 関連部署の設置があまねく普及している訳ではないが，大規模大学では設置が進んでおり，その増加率には急速なものがある。IR は近年の大学改革におけるキーワードの 1 つになっているといえるだろう。

　上記定義にみられるように，IR は大学経営陣の計画立案や戦略的意思決定支援という文脈で捉えられることが多い。しかし，IR 関連部署の成立には，大学評価関連部署からの改称や組織替えが行われたケースが多く，今後の行く末を考える上からも評価との関連から IR を位置づけておくことは重要であろう。内部質保証との関連でいえば，自律的な評価と改善システムの構築のためには，各大学が自らの使命や教育目標を明確にした上で自律的な戦略計画を立案することの重要性が認識されはじめたとみることができる。すなわち，自大学の現状を多面的に把握しつつ，主体的な計画に沿った PDCA サイクルを循環させ，その中に IR 活動及び内部質保証を関連させつつ位置づけていくことの重要性である。

　IR が成立したのはアメリカの大学においてであり，その機能はアカウンタビリティ要求への対応に始まり，教育の質に関する情報提供，各種調査の実施，戦略立案支援へと徐々に広範化・多角化していった。現実の機能は大学の類型や規模，特性により多様である。このように，IR は多様かつ広範な機能を持ち得る活動であり，日本の IR 組織の担当業務も幅広い。もっとも，それだけに各業務が成熟した形で行われているとはいい難く，期待される役割が十全に果たされるか否かは依然不透明である。今後各大学において組織の安定化が図られ，また大学を越えた IR 担当者相互の協力関係が促進されることが重要である。各大学の教育情報を公表するシステムとして大学ポートレートが構築されたが，こうした仕組みが充実していけば，IR 発展の足掛かりとなるかもしれない。

4. おわりに

　大学評価が改革の主要テーマとなって約30年が経つ。その間，大学評価システムは大きく進展し，さらなる変容を遂げつつある。近年では，一時期ほど評価という言葉は大学人の間で聞かれなくなり，代わって内部質保証やIR，さらに次章で取り上げる学習成果に議論が焦点化されつつある。これらが一種改革のキーワードとして扱われる一方で，その実質的効果は未だ十分に見えず，一時期の流行に終わる可能性も否定できない。これら活動の持続可能性を探りつつ，大学にとっての実質的機能を見極めることが求められている。

学習課題

1．具体的な評価活動を取り上げて，形成的評価と総括的評価の両側面について考えなさい。
2．大学ランキングの功罪とは何か，考えなさい。
3．個別大学のIRの現状について調べた上で，今後どのような発展可能性があり得るか，また課題は何か，考えなさい。

参考・引用文献

- IDE 大学協会（2016）『現代の高等教育　大学評価のいま』No.583.
- IDE 大学協会（2016）『現代の高等教育　模索する IR』No.586.
- IDE 大学協会（2017）『現代の高等教育　認証評価第 3 期』No.595.
- 大山泰宏（2003）「大学教育評価論」京都大学高等教育研究開発推進センター編『大学教育学』培風館，39-62 頁
- 小林雅之・山田礼子編（2016）『大学の IR』慶應義塾大学出版会
- 生和秀敏・大学基準協会編（2016）『大学評価の体系化』東信堂
- 大学基準協会（2018）『大学評価ハンドブック』
- 日本高等教育学会編（2016）『高等教育研究第 20 集　高等教育研究における IR』
- 日本比較教育学会編（2018）『比較教育学研究第 56 号　グローバル化時代における大学の国際比較』
- 羽田貴史・米澤彰純・杉本和弘編（2009）『高等教育質保証の国際比較』東信堂

11 | 教育のマネジメント

福留　東土

《**目標＆ポイント**》　本章では，学士課程教育と大学院教育という，大学における教育の中核的機能について論じる。これら教育の実質化は戦後改革以来，日本の大学における最大の課題であり，特に近年では質の向上に向けた様々な取り組みが進められている。その中で，近年，大学教育のマネジメントや，学生の学習とその成果をどのように把握し改善していくかが重要な課題となりつつある。

《**キーワード**》　学士課程教育，大学院教育，教育マネジメント，学習成果

1. 戦前期における大学・大学院教育と戦後改革

　戦前期，大学は何よりも専門的な教育と研究を行う機関であった。その拠点は学部や分科大学であり，それらを横断するような教育が展開されることはほとんどなかった。専門教育以外の普通教育や大学入学のための予備教育は主に旧制高等学校において行われた。一方，大学院は帝国大学発足直後にいち早く制度化されたが，学部から独立した教育課程は持たなかった。大学院は学部卒業者のうち研究を続けたい者が在籍する機関として，留学や就職までの一時的な待合所ともいわれ，教育を与える場ではなく，個人の研究を継続するための場であった。

　こうした制度が大きく転換したのは戦後大学改革によってである。最大の改革は，米国をモデルとした一般教育の導入であった。大学は専門的な教育研究の場であると同時に，広く知識を授けること，及び知的，

道徳的及び応用的能力を展開させることがその目的として加えられた。大学院には修士，博士という 2 つの課程が制度化され，米国に倣った課程制大学院の実質化が目指された（第 3 章参照）。だが，依然として専門教育が重視される風潮の中で，民主的で豊かな人間性の涵養を標榜する新制大学の旗印であった一般教育は，日本の大学に十分には根づかなかった（海後・寺崎　1969，吉田　2013）。学士課程段階の教育は何よりも「学部」教育であり続け，学生の関心を引くことの難しかった一般教育は次第に軽視されるようになる。一方，大学院教育においても米国に倣い，機能の多元化や課程制の意義が唱えられた。しかし，その機能は研究者養成以外には広がらず，コースワークなど体系立った教育課程も十分に根づかなかった。大学院では，教員による個別の指導の下に，研究者を目指す少数の院生が独自に研究を行う形が主流であり続けた。

2. 1990 年代以降の学士課程教育改革の展開

（1）一般教育の解体と教育課程の課題化

　その後，「学部教育」に関する最大の転機となったのは 1991 年の大学審議会答申「大学教育の改善について」であった。大学設置基準を大綱化して一般教育／専門教育という法規上の区分を廃止し，各大学が自由で個性的なカリキュラムを設計することを提言すると同時に，FD（Faculty Development）やシラバス，TA（Teaching Assistant）などが取り上げられ，教育機関として教育の質の改善・向上に取り組むべきことが提唱された。続いて，1998 年の同審議会「21 世紀の大学像と今後の改革方策について」では上記答申の趣旨に具体性を持たせる観点から，踏み込んだ議論が行われた。学士課程教育という用語が政策文書に初めて登場し，その主要な目標として課題探求能力が提示された。さらに，「自主性と自己責任意識，国際化・情報化社会で活躍できる外国語

能力・情報処理能力や深い異文化理解，さらには高い倫理観，自己を理性的に制御する力，他人を思いやる心や社会貢献の精神，豊かな人間性などの能力・態度の涵養」とかなり多面的に目標と課題が提示されている。また専門教育について「基礎・基本を重視しつつ，関連諸科学との関係，学問と個人の人生及び社会との関係を教えることなどを通じて，学生が主体的に課題を探求し解決するための基礎となる能力を育成するよう配慮し工夫することが必要である」として，教養教育と専門教育の有機的連携を主張した。

　2005年の中教審答申「我が国の高等教育の将来像」では教育内容に踏み込んだ議論は行われていないが，組織に代えて学位課程（プログラム）の観点を重視すること，21世紀型市民の育成などの提言が見られ，専門教育についても分野ごとのコアカリキュラム作成の必要性に触れた。同答申では，高等教育の機能別分化とそれに基づく多様化が謳われ，学士課程に関する記述にもこの視点が貫かれている。政府の政策・行政は高等教育システムのグランドデザインの提示に徹し，教育の目的・目標の設定や課程編成は大学に委ねるという姿勢が示された。

（2）学生の学習及びその成果への着目

　1990年代以降，各大学で教育改革が進められたが，その主たる方向性を規定したのは上記一連の政策文書をはじめとする政府の政策動向であった。有効な教育の構築には何よりも各大学の主体性・自律性が求められるが，それは他律的に誘導される中で次第に形成されてきたのである。

　2008年の中教審答申「学士課程教育の構築に向けて」では，改革をさらに進めるために「学生本位の改革」を訴えた。国際動向にも触れつつ，学生が修得すべき学習成果を明確化することにより，「何を教える

か」よりも「何ができるようになるか」に力点を置く必要性が強調された。各大学・学部に，学位授与の方針，教育課程編成・実施の方針，入学者受入れの方針という，いわゆる3つのポリシーを提示することを求め，それに沿った形で学生の学習を実質化する観点から，教育課程の体系化，単位制度の実質化，教育方法の改善などの方策が提示された。その上で，学士課程教育を通して養成すべき能力を，「各専攻分野を通じて培う学士力—学士課程共通の学習成果に関する参考指針」として提示した。その際，米国の教養教育推進団体であるAAC&Uの枠組みが参考にされた。学生が獲得すべき能力やスキル・知識が政策文書の中で一連の枠組みとして提示されたのは初めてであり，学士課程教育が目指すべき方向性をその内容に踏み込んだ形で提示することとなった。

　さらに，2012年に公表された中教審答申「新たな未来を築くための大学教育の質的転換に向けて」では，「教員中心の授業科目の編成から学位プログラム中心の授業科目の編成への転換」と，上記答申の考え方が引き継がれた。単位の実質化は学修時間の確保としてより明示的な形で提起され，教育課程の体系化に加えて全学的な教学マネジメントの必要性が強調された。同時に，「従来のような知識の伝達・注入を中心とした授業から，教員と学生が意思疎通を図りつつ，一緒になって切磋琢磨し，相互に刺激を与えながら知的に成長する場を創り，学生が主体的に問題を発見し解を見いだしていく能動的学修（アクティブ・ラーニング）への転換が必要」と述べられた。すなわち，教育方法に関してより具体的な提言がなされ，学生の学習を中心に置く考え方が一層強調された。

（3）学士課程教育改革の成果と課題

　1990年代以降の学士課程教育改革の過程を振り返ると，教育課程と

しての体系性・有効性，及び教育の質の確保が一貫して主張されてきたことが改めて認識される。他方で，改革の基調には変遷も見られる。科目区分の再編や教育の基盤をなす取り組みの実施など，「教育」面の改革を訴える立場から，最終的な成果を上げるべき学生の能力形成や学習プロセスに目を向け，それを前提に教育のあり方を組み立てる立場へとシフトしてきたことが指摘できるからである。文部科学省の調査によると，シラバス，オフィスアワー，FD・SD（スタッフ・ディベロップメント），CAP制（キャップ制：学期や年間での履修単位数の上限設定），学生による授業評価，成績評価基準の明示など，1990年代の答申の中に現れていた，いわば教育の外形的枠組みにあたる観点については，ほとんどの大学ですでに取り組まれている。一方で，近年の課題として提示され始めた学生の学習成果や教育マネジメントについては，これらをどのような概念として捉え，どのように対処すればよいのか，多くの大学で模索が続いている。導入された教育の外形的枠組みを今後，実質的に機能させる上でも，これらの課題は重要である。次節ではこれらの観点について論じる。

3. 学士課程教育のマネジメント

（1）学士課程教育のマネジメントとは何か

　教育マネジメント，あるいは教学マネジメントはごく最近用いられるようになった用語であり，まだ成熟した概念ではない。およその共通認識として「各大学において質の高い教育を志向し，現状をモニタリングしながら必要な改善を図り，学生の学習成果を保証するための学内システム」とひとまず定義し得るだろう。これは，第10章で論じた内部質保証と緊密に関わる概念であり，併せて理解することが重要である。

　ただし，教育マネジメントの諸相はそれほど単純ではない。1つの理

由は，教育マネジメントがいくつか異なるレベルにおいて想定される概念だからである。上述のように，日本では伝統的に専門教育に重点が置かれてきた。それを前提に考えれば，マネジメントの主体は何よりも専門分野の宿り場としての学部，または学科や専攻となる。一方，90 年代以来の改革の中で重視されてきたのは学部や特定の専門を超えた教育企画や調整，すなわち全学レベルのマネジメントであり，政策レベルではその構築が中心的課題であった。一方，日常的に学生を育成する現場にあたるのは個々の授業や学生指導であり，それを担当するのは個々の教員である。すなわち，教育のミクロレベルに相当する教授・学習の過程も，上位組織によるその質保証や活性化方策という観点を含めてマネジメントの対象となる。さらには，教育の質保証と改善を促進する手段として，外部者や第三者機関による評価活動も重要な役割を担っている（第 10 章参照）。これら異なるレベルのマネジメントは必ずしもスムーズな関係にはなく，相互に葛藤を抱えている。異なるレベルのマネジメント主体は一方の権限を強化すれば他方の権限が弱まるといった形で語られることが多い。しかし，教育マネジメントを実効あるものとし，質の向上を図る手段とする上では，各主体のマネジメントが有機的に連動し合い，生産的関係を導くものとならなければならない。教育マネジメントを広い観点から論じようとすれば，大学内部で駆動する教育・学生に関わる諸活動を相互に関連づけながら考える視点が必要となる。

　以下では，今後の日本の教育マネジメントについて考える上で参考となる英米 2 か国の大学教育マネジメントについて見てみよう。

（2）諸外国における教育マネジメント
〔イギリス：政府主導による全国的教育マネジメントの構築〕
　イギリスの教育マネジメントの枠組みは，日本において，とりわけ評

価制度の構築プロセスの中で一定の影響を与えてきた。政府主導により全国的な質保証システムとそれに基づく教育マネジメント体制を構築してきた例として，現在でも日本の教育マネジメントへの示唆は大きい。その枠組みは主に，英国高等教育質保証機構（QAA）によって構築されている。英国高等教育質規範と呼ばれる質保証枠組みに沿って各大学での教育マネジメントが推進される仕組みとなっている。QAAは各大学の教育プログラムの質と水準を維持するための行動規範と呼ばれる文書を公表しており，各大学は自らの内部システムに即した形でこれを参照する。また，英国高等教育資格枠組みには，学位レベルごとに学位取得者に期待される知識・技能等の指標が整理されており，学位の共通性の担保を図っている。次に，学問分野別に養成が期待される知識や能力を提示し，その実現のための教授や学習のあり方を記載したものが，分野別ベンチマーク・ステートメントである。以上のガイドラインを参照しつつ，各大学ではプログラムごとにプログラム詳述書を作成する。そこには，人材養成目的，目標としての学習成果，それを達成し，かつ可視化するための方法，科目やカリキュラムなどについて書き込まれる。プログラム詳述書は，分野別ベンチマーク・ステートメントに関連づけることが求められ，的確なカリキュラムを設計する手段と位置づけられている。こうした仕組みを基に，イギリスでは，自己点検・評価や第三者評価，学外試験委員制度が構築され，科目とプログラムの質を外部の水準に結び付けて保証しようとする方法が採られている（安原　2009，大森　2014）。

〔アメリカ：機関内部の自律的マネジメント〕

　アメリカでは教育の質保証について，第10章で触れた第三者評価としてのアクレディテーションが主要なシステムであるが，大学内部の教

育マネジメントとして別のシステムが駆動している。イギリスの方式が全国的な水準を意識した教育マネジメントであるとすれば，アメリカの教育マネジメントは大学内部の仕組みとして成り立っている。多くの大規模大学には，全学の管理部門（学長を頂点にプロボスト，副学長等）とは別に，教員評議会（Faculty Senate, Academic Senate 等）と呼ばれる，教学事項の実質的決定を行う全学教員組織が存在する。教育プログラムや科目の新設・改廃は各プログラムや学科レベルで発案された後，部局単位での検討を経て最終的に教員評議会での検討に付される。別途，管理部門と教員代表がメンバーとなる全学学士課程委員会などを設けている場合もある。全学の教員組織が管理部門と並び，さらには機関の最終意思決定組織としての理事会と権限を配分し合いながら統治を行う方式は共同統治（shared governance）と呼ばれる。

　教育プログラムの日常的マネジメントはプログラム担当教員が行うが，多くの大学が，プログラムレビューと呼ばれる，学科に対する学内での評価プロセスを有しており，教育マネジメントの重要な一端を担っている。レビューは 7 年程度ごとに通常学科単位で行われ，教育プログラムの実施状況が主要な評価対象となる。このプロセスには通常，プロボストや担当副学長と教員評議会の代表が関わり，学外委員も招聘される。IR オフィスがデータ提供などの支援業務を行う。プログラムレビューは現状に問題がないことの確認作業に過ぎないといわれることもあるが，学科のマネジメントに課題が発見されれば，継続的モニタリングの対象とされる。前述の通り，アメリカにはアクレディテーションがあり，プログラムレビューはその準備の一環ともなる。また州・連邦政府による評価や規制も存在し，教育マネジメントはそうした広い枠組みの中で相対的に捉える必要がある。しかし，自律性を伴った教育マネジメントという観点からは示唆が大きい。

（3）学生の学習成果（Student Learning Outcomes）への注目

　マネジメントと関連して，現在もう１つの潮流となっているのが，学生の学習成果の測定あるいは可視化である。これまでは，各大学が十分な質が確保された教育を学生に与えているかどうかに焦点があてられてきたが，教育を通して学生たちが実際に何を学び，どのような知識や能力を身に付けたのか，すなわち大学教育の最終的な成果の質の重要性が認識されるようになってきた。これは米国において，とりわけアクレディテーションに絡んで進んできた動向であり，そこでは学生の学びを中心に置く考え方（student-centered）が強調されており，日本でもこうした国際動向の影響を受けている。ただし，学習成果に対する認識が広がる一方で，学習成果が何を意味し，それへの着目が何をもたらすのか，大学人による理解と実践はほとんど進んでいないのが実態である。学習成果には大きく２つの側面があり，学生に身に付けさせることを目指す目標としての成果と，教育・学修の最終的な結果としての成果がある（松下　2017）。言葉の単純な意味としては後者がイメージされやすいため，そうした理解がなされがちである。しかし，大学教育を通した学習成果は明確な形で測定し得るものばかりではない。ゆえに，学習成果に対する単純な理解は，数量化されやすい，比較可能な指標へ依存する傾向を招きやすい。もちろん，成果を測定・可視化することにより，それを踏まえた改善が可能となるが，それに際して米国では，出所及び性格（量的・質的など）の異なる複数のエビデンスを用いることが奨励されている。また，目標としての学習成果という視点からカリキュラムや学習支援の体系を組み立てていくという点も学習成果の持つ重要な側面である。こうした点から考えれば，日本で制度化された３つのポリシーは，大学・学部が目指す学習成果という観点と繋がることで，より重要な意味を持つはずである。学習成果には多面的な意味があり，今後，学習成果を巡

る理解が成熟していくことが必要である。

4. 大学院教育の展開と課題

（1）大学院プログラムのマネジメント：課程制大学院の実質化

　戦後大学改革以降，アメリカをモデルとした「課程制大学院の実質化」が一貫して大学院を巡る最大の課題と位置づけられてきた。体系立ったコースワークの構築，及び博士学位の円滑な授与が問われ，プログラムとしての大学院教育の実質化が主要な論点であった。様々な制度改革が進められ，2000年代以降は政府による競争的資金（21世紀・グローバルCOEプログラム，魅力ある大学院教育イニシアティブ，組織的な大学院教育改革推進プログラム等）による強化が進められた。依然として様々な課題を指摘されながらも，主要な研究大学を中心に，日本の大学院は実質的な教育課程を備えた高度な人材育成機関として，その姿を大きく変貌させてきた。

（2）大学院教育の新たな課題：多様化と社会への人材輩出

　上記と関連しつつ，中教審答申「新時代の大学院教育」（2005年）や文部科学省「大学院教育振興施策要綱」（2006年）の頃から課題として明確化し始めたのが，人材養成目的の多様化である。1990年代以降大学院は大きく拡大したが，修了者のキャリアパスは研究者以外に明確になっていなかった。2003年度には専門職大学院が制度化された。上記答申では研究者と大学教員に加えて，高度専門職業人，及び多様かつ高度で知的な素養ある人材の育成が目的として明示された。大学院は3つの課程を持ち，本来多様な人材育成の可能性を有している。研究者以外の就職者が増加してはいるものの，社会的認知の面で現在でも課題を抱えている。近年，博士入学者が漸減しているのは修了者の状況が芳しく

ないためと捉えられている。大学院はどのような人材育成を目的とする
のか，どのような組織編成やカリキュラムによってその目的を達成する
のか，多様な人材育成機能は相互に独立なのか，それとも融合可能なの
かなど，機能の拡大は大学院教育に新たな課題を投げ掛けている。これ
ら問いへの解答は，専門分野・専門職との繋がり，プログラムの規模や
教員構成，学生募集能力などによって異なってくるだろう。

　2011年度から始まった「博士課程教育リーディングプログラム」では，
「俯瞰力と独創力を備え広く産学官にわたりグローバルに活躍するリー
ダー」の育成が目指され，「産・学・官の参画を得つつ，専門分野の枠
を超えて博士課程前期・後期一貫した」プログラムの構築が謳われた。
特定の専門に閉じない学際性あるプログラムや課題探究型プログラムの
構築がトレンドとなり，その中で部局や専門分野の教員がマネジメント
の中核にあった大学院教育についても全学的マネジメントの必要性が提
起され始めている。大学院に関わる大型競争的資金の獲得に向けて全学
レベルでの戦略構築が重要性を増してもいる。一方で大学院では，一般
に専門性の高い教育が行われるため，現実のマネジメントは学士課程以
上に，専攻，コースなどプログラムを運営する教員集団に帰属する面が
強い。それを統括する部局長の役割も重要である。今後ますます全学，
ミドル，ミクロを有機的に繋いだマネジメント体制の構築が求められる。

5. おわりに

　学士課程教育と大学院教育はそれぞれに固有の機能と課題を有してい
るが，上で論じてきた内容からも分かる通り，政策上の議論の基調には
類似性が見られる。概して，特定の専門分野や部局に閉じたプログラム
の編成から，全学的なマネジメントを働かせた分野横断的で，柔軟な開
かれたプログラムへ，という方向性である。現代における知識基盤社会

の急速な変化やグローバル化の進展，その中で大学・大学院修了者に求められる能力のあり方を想定すれば，こうした方向性に一定の合理性を見いだし得る。一方で，限られた年限の中で，学生たちが特定の専門の学習に傾注し，それを突き詰める学び方もまた奨励されるべきだろう。とりわけ，学士段階で専門教育を中核に置いてきた日本の伝統的な高等教育にはそれなりの強みがあったと考えられる。また，果たしてそうしたあり方に全学的なマネジメントがどこまで馴染むのかは検証されておらず，その有効性は未だ不透明である。高等教育が本来有する幅広い可能性に対して，個々の大学や教育プログラムが育成する人材像をどう設定し，目指すべき教育を実践していくのかが強く問われている。

学習課題

1．自身の関係する，あるいは関心を持つ大学を取り上げて，その教育マネジメントについて包括的に検討しなさい。

2．学生の学習成果について，本文で述べた2つの意味についてさらに考え，成果を測定する指標としてどのようなものがあり得るか，考えなさい。

3．学士課程教育，または大学院教育について，それぞれの社会的ニーズにはどのような構造があると考えられるか。また，それらが変化する可能性について考えなさい。

参考・引用文献

- IDE 大学協会（2017）『現代の高等教育　学修成果の可視化』No.590.
- IDE 大学協会（2018）『現代の高等教育　大学教育改革の現段階』No.605.
- 大森不二雄（2014）「教学マネジメントをめぐる日・英の政策動向」日本高等教育学会編『高等教育研究』第 17 集，9 -30 頁
- 海後宗臣・寺崎昌男（1969）『大学教育』東京大学出版会
- 金子元久（2013）『大学教育の再構築』玉川大学出版部
- 松下佳代（2017）「学習成果とその可視化」『高等教育研究』第 20 集，93-112 頁
- 安原義仁（2009）「イギリスにおける高等教育の質保証システム」羽田貴文・米澤彰純・杉本和弘編『高等教育質保証の国際比較』東信堂，225-237 頁
- 吉田文（2013）『大学と教養教育』岩波書店
- 吉田文（2018）「教学のマネジメント」東京大学大学経営・政策コース編『大学経営・政策入門』東信堂，147-165 頁

12 | 研究のマネジメント

福井　文威

《目標＆ポイント》　大学の研究活動と研究マネジメントのあり方は時代とともに変容してきている。本章では，知識基盤社会における，大学の研究活動の役割を理解するとともに，近年の科学技術政策の動向と高度化しつつある大学の研究マネジメントの動向を学習する。

《キーワード》　科学技術政策，研究資金，研究戦略，知財管理，研究倫理

1. 大学と研究の変容

（1）知識基盤社会における研究活動

　日本の多くの大学にとって研究は，教育・社会サービスとともに主要な活動の１つである。大学における研究活動とそのマネジメントは，これまで大学に所属する研究者が担ってきたが，研究活動を取り巻く環境が変化する中で，大学による組織的な研究マネジメントやそれを支える専門人材への期待が高まっている。

　この背景には，まず，科学研究と社会の関係性が変容してきたことが挙げられる。伝統的な研究活動は，研究者の好奇心や問題意識によって展開され，社会への応用や実用化は必ずしも前提とされていないことも多かった。しかし，労働や資本に代わり，研究から生み出される「知識」が社会や経済の発展に主要な役割を果たすという社会像が浸透するにつれ，科学研究と社会の関係性が変容した。このような社会は，知識社会（Knowledge society）や知識基盤社会（Knowledge-based society）と

呼ばれ，知識の生成・伝達・普及が国の経済発展の主要因とみなされる。

　知識基盤社会における科学研究の変容は，学術的にも様々な観点から整理されてきた。例えば，Gibbons（1997）は，知識生産の様式には2つの様式があり，「既存の専門分野（ディシプリン）の内部の論理に従った知識生産（モード1）」と「社会課題の解決を念頭に社会的文脈の中で領域を超えて行われる知識生産（モード2）」に整理した。また，Stokes（1997）は，研究のタイプを根本的な真理の追求を目指すか否かという軸と，研究成果の社会的利用を目指すか否かという軸を基に分類し，研究には「純粋な基礎研究（ボーアの象限）」と「純粋な応用研究（エジソンの象限）」のみならず，真理追求とともに実社会への利用を追求する「実用志向の基礎研究（パスツールの象限）」があることを提唱した。日米の被引用度の高い研究者を対象とした国際比較調査によれば，日本は米国と比較して「実用志向の基礎研究（パスツールの象限）」にあたる研究プロジェクトの割合が少ないことも指摘されている（図12-1）。

　科学研究と社会の関係性が変化するにつれ，大学の研究活動は大学内で完結せず，大学・産業界・政府が相互に影響を与え合いながら共進化するシステムが形成される。このような産・官・学が3重らせん構造のように相互に影響を及ぼし合う姿は「トリプルヘリックス」（Etzkowitz 2008）という言葉でも表現される。

　各国では，こうした科学研究と社会の関係性の変容を踏まえながら，科学技術政策が展開されてきた。同時に，その活動主体の1つである大学に対しては，科学者集団の中に閉じた伝統的な研究活動のみならず，研究成果を社会に移転することへの要請が高まってきた。こうした現象は，一部からは大学の企業化と批判され「アカデミック・キャピタリズム」（Slaughter & Rhoades　2012）等と表現されることもある。しかし，現実には，共同研究や受託研究，技術移転，大学発ベンチャーをはじめ

		特定の社会課題の解決を目指す	
		その他	非常に重要
基礎原理の追求を目指す	非常に重要	純粋な基礎研究 （ボーアの象限） 日本：45％ 米国：46％	実用志向の基礎研究 （パスツールの象限） 日本：15％ 米国：33％
	その他	その他 日本：25％ 米国：9％	純粋な応用研究 （エンジンの象限） 日本：15％ 米国：11％

出所：Nagaoka et. al.（2011, p.33）の Exhibit 16 を筆者翻訳の上，一部改変し引用。

図 12-1　日米の研究プロジェクトの分布

とする知識移転のためのマネジメントや，複雑な社会課題の解決に寄与する学際的な研究活動等のマネジメントが必要となってきている。

（2）ニュー・パブリック・マネジメントの浸透

　大学の研究活動に影響を与えたもう1つの潮流として，新公共経営（NPM：New Public Management）の考え方が公的研究資金の配分方法に浸透してきたことがある。NPM とは，1980 年代に英国等の行政改革のモデルになった考え方であり，政府の限りある資金を効率的に使用するために企業経営的な手法を公共部門に適用するものである。NPM では一般的に，政策の企画立案と実施施行を分離した上で，競争原理の元で実施者を選定し，その業績・成果を評価するという手法をとる。

　大学の研究活動を支える財源の1つが国の公的研究資金であるが，公的研究資金の配分のあり方にこの NPM の考え方が浸透したことにより，政府や資金配分機関（ファンディング・エージェンシー）は研究活

動を実施する大学や研究者を競争原理の元で選定し，実施者の業績成果を評価することを重視するようになった。その結果，各大学は，競争的な研究資金の獲得とともに，自らの機能や研究のパフォーマンス等を対外的に示すことが以前にも増して必要となる。

　また，競争的な研究資金の内容も近年は多様化してきている。例えば，政府からの研究資金の配分方式は，以前は高等教育政策や科学技術政策を所管する文部科学省がそのほとんどを配分していたが，近年では多数の省庁が研究テーマを定め研究資金を配分する方式(マルチ・ファンディング・システム)へと移行している(小林　2018)。また，ファンディング・エージェンシーからの研究資金も，日本学術振興会（JSPS）の科学研究費補助金のように研究者が比較的自由にテーマを設定するものもあれば，科学技術振興機構（JST），日本医療研究開発機構（AMED），新エネルギー・産業技術総合開発機構（NEDO）等からの研究資金に多く見られるように，公募時にファンデイング・エージェンシー側が重点的に取り組む分野や目標を設定するケースがある。このようにファンディング・プログラムはその内容が多様であり，プログラムによって求められる研究の様式が異なることを念頭に置きながら，研究計画を立案することが必要となる。

2. 日本の科学技術政策と大学

　日本では，1995年に科学技術基本法が制定されて以降，国の中長期的な科学技術に関する計画を定めた「科学技術基本計画」が5ヶ年ごとに策定され，科学技術政策が推進されている。科学技術政策の領域は幅が広く，高等教育政策や産業政策とも密接に関わるため，省庁横断的な視点からも運営される必要がある。そのため，内閣府に設置された総合科学技術・イノベーション会議が科学技術政策の企画立案及び総合調整

機能を担っている。なお，近年では科学技術を経済・社会に活用しイノベーションを創出するという視点を強調し，「科学技術イノベーション政策」という用語が使用されることもある。

（1）知識移転のための環境整備

　第 1 期科学技術基本計画（1996 年〜2000 年度）の柱の 1 つとされたのが，産学官の人的交流の促進である。この時期から産学官連携のための環境整備が本格化し，大学等の研究成果を産業界へ移転することを促進するための法整備が進められた。大きな契機となったのが 1998 年の大学等技術移転促進法（TLO 法）である。同法は，大学等の研究成果（特許権等）を民間業者に移転する事業を行う技術移転機関（TLO：Technology Licensing Organization）の活動を国として支援し，研究成果の知識移転を促した。また，1999 年に制定された産業活力再生特別措置法は，政府資金による研究開発から生じた特許等の権利が国に帰属されていたことで大学の研究成果の実用化が滞っていたことを改善するため，その権利を受託者に帰属させることを認めた。同制度は，米国で 1980 年に制定されたバイ・ドール法を参考としたため，日本版バイ・ドール制度ともいわれる。なお，産業活力再生特別措置法の成立後も，国立大学は法人格を有していなかったため，教員の研究成果から派生する特許の機関管理が制度上困難な状態にあったが，2004 年に国立大学が法人化されたことにより特許の機関帰属が可能となった。

　この他にも，2000 年の産業技術力強化法により，国立大学の教員が研究成果活用企業の役員等と兼業をすることが可能となり，2001 年には経済産業省が「大学発ベンチャー 1000 社計画」を発表する等，2000 年前後にかけて大学の知識移転の推進が政策的にも積極的に促されていった。

（2）競争的資金制度の整備

　研究活動を支えるファンディング・システムを整備することも科学技術政策の重要な役割である。大学の研究活動を支える政府からの資金には，基盤的経費と競争的資金がある。基盤的経費は，各法人の活動を支える人件費や施設・設備の維持管理費に使用されるものである。一方，競争的資金とは，資金配分主体が研究課題を募り，専門家等の評価に基づいて実施主体を採択し，研究者等に配分する資金である。

　近年は，競争的資金制度が整備され，研究活動における競争的資金の比重が大きくなってきている。第1期科学技術基本計画（1996年〜2000年度）では競争的資金の拡充が掲げられ，第2期科学技術基本計画（2001〜2005年度）では間接経費の仕組みが導入された。間接経費とは，大学の管理・支援部門等の活動に充てられる経費である。競争的資金を獲得して実施される研究活動は，付随して大学の施設や事務関連業務の負担を増加させるため，間接経費が手当てされなければ，かえって大学の経営を圧迫させる可能性がある。こうした事態を防ぐため，米国では，大学と資金配分機関の交渉で直接経費に加え，間接経費を手当てする措置が取られてきた。日本でも直接経費の30%に相当する額を間接経費として配分することが第2期科学技術基本計画で示された。第3期科学技術基本計画（2006〜2010年度）以降は，間接経費（30%）の導入の徹底が促されるとともに，イノベーションの創出に寄与する課題解決型の研究を強化する方向性でファンディング・システムが形成されつつある。

（3）研究を担う人材の育成と確保

　将来の研究活動を担う人材の育成とその確保も，科学技術政策の射程に入る。特に，近年は世界の論文数が増加する中で，日本の論文シェア

が落ちているという指摘もあり，日本の研究力を牽引する人材を如何に育成し確保していくかは喫緊の課題である。

　これまで政策的には，若手研究者の育成に関連し，優秀な大学院博士課程在学者や修了者等を日本学術振興会が特別研究員として採用し研究奨励金を与える「特別研究員制度」の他に，「ポストドクター等1万人支援計画」「テニュアトラック制の普及・定着事業」「卓越研究員事業」等が進められてきたが，若手研究者の雇用は不安定な状況にあり，研究大学においても任期付きの若手ポストが増えている。また，博士課程の入学者数も，1990年代初頭から開始された大学院重点化により約10年間で2倍近く増加したが，2003年度をピークに減少傾向にある。さらに，社会サービス等の増加により，研究者の年間総研究時間の平均値も2002年は1,300時間であったのが2013年は900時間と減少しており，研究を担う人材の育成やその環境の改善は大きな課題となっている（文部科学省　2018）。

3. 大学の研究マネジメント

（1）研究マネジメントを担う人材

　こうした研究活動を取り巻く環境の変化により，大学の研究マネジメントのあり方も変化してきている。先進諸国の大学の研究マネジメントに見られる共通の傾向として，大学の研究マネジメントが専門職化し，研究担当副学長等のシニア職が配置されるとともに，それを支える研究マネジメント部門を設置する大学が増えてきたことが挙げられる（Connell　2004）。日本でも，研究大学を中心に研究担当理事や研究担当副学長が配置されるとともに，リサーチ・アドミニストレーター（URA：University Research Administrator）と呼ばれる研究マネジメントを担う専門職人材の養成と確保が政策的に推進されてきた。URA

に期待される職務内容については東京大学（2014）等が参考になるが，
国や大学によってその内容に幅があることには留意する必要がある。

（2）研究プロジェクトのマネジメント

　研究マネジメントの主要な業務の１つに，個々の研究プロジェクトの
マネジメントがある。一般的に，研究プロジェクトのライフサイクル
は，①研究アイディアの創出と企画の立案，②ファンディング情報の収
集，③プロポーザルの作成，④学内外の関係者との折衝とプロポーザル
の申請，⑤プロジェクトのセットアップ，⑥プロジェクトの管理運営，
⑦プロジェクトのクロージングに整理することができる。①から④の研
究資金獲得前の段階を「プレ・アワード」，⑤から⑦の研究資金採択後
の段階を「ポスト・アワード」と区分することもある。従来から研究契
約や研究費の執行・管理等については，大学の研究事務担当によって支
援されるケースが多かった。しかし，競争的資金の獲得が特に重視さ
れる現在は，URA 等の専門職的な人材が，研究代表者（PI：Principle
Investigator）と連携し，能動的にプロジェクトを支援することも想定
される。

　例えば，ファンディング情報が多様化した現在においては，URA 等
が学内や学外の研究資金に関する情報を整理し，ニュースレター，学内
ウェブサイト等を通じて共有する取り組み等がなされる。また，プロポー
ザルの作成段階においても，研究計画書が資金配分機関の求める基準に
達しているか等の観点から添削や改善の助言がなされることもある。さ
らには，若手研究者育成の観点からファンディング情報や申請書作成に
関する学内セミナー等を企画することも期待される。

　研究プロジェクト採択後の段階においては，資金配分機関と間接経費
の比率や知的財産の権利等について交渉する場合もある。また，プロジェ

クトに関わる人員のリクルートや設備機器等の準備状況を踏まえ研究開始日を調整し，研究ミーティングの開催を支援すること等も推奨される。最後にクロージングの段階においては，資金配分機関による評価への対応や報告書の作成支援も重要な業務の 1 つである。特に，近年では研究成果を社会に幅広く提供する「アウトリーチ活動」が重視される場合もあり，ホームページ等を利用した情報発信，一般市民に対するシンポジウムやサイエンスカフェ等の開催を支援することもある。

　プロジェクトチームの規模や組織体制により，マネジメントの手法は多様であるが，いずれの段階においても研究代表者（PI），研究プロジェクトメンバー，リサーチ・アドミニストレーター，大学本部が相互にコミュニケーションを取りながら，信頼関係を構築することが不可欠である。

（3）大学組織の研究戦略

　大学の研究活動は，個々の研究チームによる活動のみならず，附置研究所，研究センター，世界トップレベル研究拠点（WPI：World Premier International Research Center Initiative）などの研究組織によっても推進される。よって，個々の研究プロジェクトのみならず，学部や研究所レベル，大学機関全体の研究戦略も必要となってきている。具体的には，重点研究領域の設定，学内資金の配分，研究活動の評価，研究成果の商業化等に関するマネジメントがそれにあたる（Connell, 2004）。

　大学の組織的な研究マネジメントが推奨される 1 つの例として，学際的な研究活動のケースを考えてみよう。伝統的な大学では，これまで学問分野に対応した学部等の組織を中心に研究活動が展開されてきたが，学際的な研究活動を推進する際には，その組織構造を超えた研究活動が

必要となる場合もある。そのため，個々の研究者の連携に任せるのみならず，①学際領域を推進するためのインセンティブとなる学内資金の提供，②学際領域を推進するためのキャンパス全体を巻き込んだ研究センター等の設置，③学際領域推進のための研究者の採用・評価の見直しをはじめとして，組織的なマネジメントも必要となってきている（Sa 2008）。例えば，2003 年に設立されたスタンフォード大学のジェームス H・クラークセンターは，学際的な研究センターの著名な例であり，建物自体が異分野の研究者が交流する「場」を意識したデザインに設計され，分野を超えた教員や学生が研究活動を行っている（右上の写真）。また，1990 年代後半からウィスコンシン大学等で実施されたクラスター雇用（Cluster hiring）という採用方針では，大学が全学的に重視する学際的な研究領域を設定し，複数の分野からこれに関わる若手研究者を一度に複数人雇用するという方針がとられており，学際研究を促進するための施策の 1 つの例として挙げられる。

　なお，大学内の研究活動がブラックボックスとなっている状態では，大学機関の研究戦略を策定することは困難である。そのため，近年では，研究活動に関する主要業績指標（KPI：Key Performance Indicators）等を利用し，その経年的な変化や他大学との比較を通じて自大学の強みや弱みを詳らかにする試みもなされている。例えば，研究資金の獲得状況（競争的資金申請件数，獲得件数，採択率，獲得額等），論文生産性の状況（論文数，被引用数等），産学連携や特許の状況（特許出願数，特許取得数，ライセンス収入等）に関する指標が利用されることがある。ただし，各指標の有用性及びその解釈は，各分野の特性を十分に踏まえる必要がある。

ジェームスH・クラークセンター（スタンフォード大学）

出所：筆者による撮影。

（4）知的財産のマネジメント

　大学の研究成果を実用化させるにあたっては，特許権をはじめとする知的財産の管理が必須となる。特に，産学連携による技術移転に際しては，研究者の発明に特許性や市場性があるか，特許出願と学会発表のタイミングをどのように調整するか，特許取得後にどのような企業に，どのようなライセンス契約を結ぶか等，専門的知見からの判断が要される。

　そのため，産学連携による技術移転のマネジメントに重要な知識能力としては，「(a)特許を中心とする知的財産権の法的知識　(b)特許の特殊性を多面的な視点で分析できる能力　(c)関連する規定や法（公務員倫理規程・商法・国有財産法など）に関する知識　(d)発明の市場性に関する知識と分析能力　(e)マーケティング，交渉する能力と人的ネッ

トワーク　(f) 契約に関する知識，契約書を作成する能力　(g) 財務，経理，税制に関する知識」（渡部編　2006, p.34-35）等多岐にわたる。よって，研究者個人がこれをマネジメントするのには限界があり，知的財産本部や技術移転機関（TLO）等の組織がこれをサポートするケースが増えてきている。

　技術移転のマネジメントも高度化しつつある。大学からの技術移転が活発な米国の例をみると，以前は特許出願までを行った後は企業からの依頼を待つケースや，特許出願の業務を外部の特許事務所に任せるようなケースもあったが，近年は特許をライセンシングするために，大学が企業に対するマーケティング活動に注力するモデルが主流となってきている（山本　2012）。なお，技術のライセンシングは，時に莫大なライセンス収入を大学にもたらすが，通常，産学連携の開始当初には，特許の出願費や維持費，人件費等が収入を上回ることがほとんどであり，その費用対効果は長期的な視点から判断する必要がある。

（5）研究倫理，研究不正，利益相反

　最後に，研究倫理，研究不正，利益相反について触れておきたい。これらは，大学のリスクマネジメントの観点からも重要である。研究活動から得られる知識や技術は，社会に良い影響のみを与えるとは限らない。よって，研究者は，研究活動を誠実に実施する責任を負うだけでなく，社会的な理解を得られる活動に努めなければならない。1999 年の世界科学会議で採択された「科学と科学的知識の利用に関する世界宣言」では，科学の役割として「知識のための科学」だけではなく，「平和のための科学」「開発のための科学」「社会における科学と社会のための科学」が提唱され，科学の社会的責任が強調された。よって，研究者と大学は，倫理的・法的・社会的な問題（ELSI：Ethical, Legal, and Social

Issues）をあらゆる段階で意識する必要があり，様々な法令やガイドラインに従い研究活動を遂行する必要がある。

　研究不正行為とは，狭義には捏造（Fabrication），改ざん（Falsification），盗用（Plagiarism）のことを指し，文部科学省のガイドラインにおいてはこれらを「特定不正行為（FFP）」としている。しかし，これらはいわば最低限の基準であり，研究機関や学会によって研究不正としてみなされる行為には幅があることに留意する必要がある。例えば，既に自身の手により発表された研究内容であることを公表せずに同一の研究内容を複数の学術雑誌等に投稿あるいは発表する行為（二重投稿・二重出版）を，研究不正として位置づけている学会もある。よって，FFP にあてはまるかどうかという点のみならず，「好ましくない研究行為（QRP：Questionable Research Practice）」についても配慮する必要がある（日本学術振興会　2015）。従来，研究不正行為への対応については研究者個人に任せられる傾向にあったが，2014 年に文部科学省が策定した「研究活動における不正行為への対応等に関するガイドライン」では，大学が責任を持って不正行為の防止に関わっていくことが明示された。特に，研究倫理教育については所属の研究者のみならず，大学院生等をはじめとする研究者養成の段階から重視されるべき事柄である。

　知識基盤社会における大学の研究者の中には，大学内の活動に留まらず，学外で様々な立場を持つ者も増えてくる。その結果，利益相反への対処が必要となってくる。利益相反は避けることができない場合もある。よって，利益相反はそれ自体が問題なのではなく，その情報を開示する等の対処が必要となってくる。この問題は，第 15 章も参照されたい。

学習課題

1．近年，世界における日本の論文のシェアが低下し，日本の研究生産
　性が低下していることが指摘されるが，その実態と背景要因について，
　文部科学省「科学技術白書」等を参考にしながら整理しなさい。
2．自身の関連する大学の研究活動状況を把握した上で，その大学の研
　究活動の強みとなっている事柄，また，今後改善する必要があると思
　われる事柄について，あなたの考えを述べなさい。

参考・引用文献

- Connell, H. (2005)　*University Research Management*：*Meeting the Institutional Challenge*. OECD Publishing.
- Etzkowitz, H. (2008)／三藤利雄・堀内義秀・内田純一訳『トリプルヘリックス：大学・産業界・政府のイノベーションシステム』芙蓉書房出版
- Gibbons, M. (1997)／小林信一訳『現代社会と知の創造：モード論とは何か』丸善ライブラリー
- 小林信一（2018）「研究のマネジメント」『大学経営・政策入門』（東京大学大学経営・政策コース編）東信堂，166-188 頁
- 文部科学省（2018）『平成 30 年度科学技術白書』
- Nagaoka, S., Igami, M., Walsh, J. P., & Ijichi, T. (2011). *Knowledge Creation Process in Science*：*Key Comparative Findings from the Hitotsubashi-NISTEP-Georgia Tech Scientists' Survey in Japan and the US.* Institute of Innovation Research Hitotsubashi University.
- 日本学術振興会（2015）『科学の健全な発展のために：誠実な科学者の心得』丸善出版
- Sa, C. M. (2008) 'Interdisciplinary strategies' in US research universities. *Higher Education,55*(5), 537-552.
- Slaughter, S., & Rhoades, G. (2012)／成定薫監訳『アカデミック・キャピタリズムとニューエコノミー：市場，国家，高等教育』法政大学出版局
- Stokes, D. E. (1997) *Pasteur's quadrant*：*Basic science and technological innovation.* Brookings Institution Press.
- 東京大学（2014）『リサーチ・アドミニストレーターを育成・確保するシステムの整備（スキル標準の作成)』
- 渡部俊也編（2003）『理工系のための特許・技術移転入門』岩波書店
- 山本貴史(2012)「大学の技術をコマーシャライズする方法について」『産学連携学』8(2)，31-40 頁

13 | 学生の募集と学生支援

濱中　義隆

《目標&ポイント》　学生は大学の主要な構成員であるとともに，経営上の大切なリソースである。資質の高い学生を獲得し，その成長を促すよう管理することは大学にとって重要な課題となる。正課の授業科目以外を通して行われる様々な修学支援策の概要を知るとともに，それらの相互の関係性や実践上の課題をエンロールメント・マネジメントの概念を用いることによって理解する。

《キーワード》　学生募集，入学者選抜，学生への経済支援，学習支援，キャリア支援，エンロールメント・マネジメント

---

1. エンロールメント・マネジメント

　どれほど優れた教授陣とカリキュラムを揃え，キャンパスの施設・設備を充実させようとも，学生の存在を抜きにして教育機関としての大学は存立し得ない。収入の多くを授業料に依存する大学では経営が立ち行かないし，卒業生の活躍がなければ社会的評価を得ることはなく，その存在意義も失われる。したがって大学のマネジメントにおいて，学生募集の戦略ならびに修学継続の支援策がきわめて重要であることは明らかであろう。問題は，どうすればこれらを効果的・効率的に実践できるか，という点にある。

　そこで，日本の大学においても近年注目されているのが「エンロールメント・マネジメント」（以下，EM）と呼ばれる概念ないし手法

である。EM とは何なのか，論者によって様々に定義されているが（金　2009），ここでは簡潔に「大学が学生募集から卒業までの間に一貫して行う修学支援策の企画と実施」としておこう。重要なのは以下に示すように「一貫して行う」の意味するところである。

　大学に限らず一定以上の規模を有する組織では，業務内容に応じて複数の担当部門に分化した組織形態を持つことが常態である。大学の業務にあてはめると，学生募集は広報担当，入学者の選抜は入試担当，奨学金は経済支援担当，学籍管理や履修指導は学務担当，就職支援はキャリア担当といった具合である。EM において強調されるのは，これら各部門がバラバラに業務を企画・実行するのではなく，相互の連携を図り，相乗効果を発揮できるよう組織化することである。必要な情報・リソースが共有されていれば，それだけ効率的・効果的に修学支援サービスを提供することが可能となる。

　学生の立場からすれば，担当部門の断片化は大学側の都合に過ぎず，修学支援策は本来一貫して行われることが期待されるし，必要なサービスの探索や利用が容易になるという点からしてもその方が望ましい。したがって EM とは，学生の目線に合わせた，顧客志向の修学支援策の必要性を説いたものと理解することもできる。

　ところで，大学が学生に対して提供するサービスのうち最も重要なものが，正規の教育課程を通じた「教育」であることは論を俟たない。つまり日常の授業科目の内容や方法をどのように編成するか，学生の学習経験やその成果をいかにして評価（アセスメント）し教育改善に繋げるかといったことも，EM の射程に必然的に含まれることになる。実際，「教育」に直接的に関わる事項のマネジメントも EM の範疇に含めて，より包括的に捉えようとする動きもある（ハワード編　2001：2011）。

　しかし，本章ではあえて正規の教育課程に付随する修学支援策に対象

を限定することとしたい。「教育」に直接関わる事項については「教育のマネジメント」（第11章）を参照してほしい。次節以降では学生募集から卒業までの流れに沿って，EMの考え方と関連づけながら，修学支援策の具体的な内容と課題について論じる。

2. 学生の募集と広報活動

（1）学生募集戦略としてのエンロールメント・マネジメント

EMの嚆矢は1970年代のボストン・カレッジでの経験にあるとされている。リベラルアーツ中心の中堅私立大学であった同大学は，当時，入学志願者の減少により深刻な財政難に陥ったが，マーケティング的な手法を活用することによって在学者数を短期間のうちに回復し，経営危機を克服した。そのプロセスをEMの確立として提唱したことにより，同概念がその後全米に普及したといわれている。そのため今日においても学生募集はEMの主要な領域の1つとみなされている。

当時のボストン・カレッジが初めに着手したのは，自らの大学の教育上の理念や目標を明確化すること，さらにはその組織的目標の達成に向けて学内のプログラムを再編することであったという（Maguire 1976）。自大学の特徴・魅力がどこにあるかを把握し，それをさらに高めるための中長期的な戦略を策定することが，EMの出発点であるといえよう。組織目標を明確にすることによって，先に述べたような各業務を担当する部門の連携をもたらし，すべての構成員を同一の目標に向かって動員することが可能となるのである。

続いて，教育上の理念や目標に照らして，どのような学生に入学して欲しいのかを明確にすることが求められる。教育上の目的や提供するプログラムに合致した「求める学生像」を明示すること，いわゆるアドミッション・ポリシーの策定である。

　日本の大学では，教育上の理念や目的を卒業認定の要件ならびにカリキュラムの編成方針として具現化した「卒業の認定に関する方針」（ディプロマ・ポリシー），「教育課程の編成及び実施に関する方針」（カリキュラム・ポリシー）とともに，「入学者の受入れに関する方針」としてアドミッション・ポリシーを策定・公表することが義務づけられている（学校教育法施行規則　2017 年度〜）。各ポリシーは各大学のウェブサイトなどで公開されているので確認してみるとよいだろう。

（2）学生募集と広報活動の実務

　学生募集の実務の第一段階は，テレビ・新聞・雑誌広告など様々なメディアを通じた広報活動となろう。今日では大学のウェブサイトの内容を充実させることもきわめて重要である。自らの大学の特徴・魅力を社会に広く認知してもらい，入学志願者を増加させる上でこれらが有効な手段であることは疑いない。ただし，不特定多数を対象とするこうした広報活動は，そのコストに十分見合うものであるか検討しなくてはならない。

　学生募集をより効果的・効率的に行うためには，次の段階として，実際に入学を希望しているのはどのような者（高校生）なのか，そうした入学希望者はどこにいるのかを把握する必要がある。そのためにも，オープンキャンパスや体験入学など，入学希望者と直接コンタクトできる機会を活用することが重要となる。それは，参加者にキャンパスの雰囲気や先輩学生の体験談など「生の」情報を伝えられるからだけではない。彼らが自らの大学になぜ関心を持ったのか，何を期待しているのかなど，入学希望者のニーズを把握できる機会となるからである。もちろん参加者の性別，出身地域（高校）などの諸属性は，それ自体が入学希望者はどこにいるのかを把握する上で貴重な情報源となる。

こうして募集活動のターゲットの絞り込みがある程度できたならば，高校への訪問，高校での出前授業の開催，大学合同説明会への出展など，学生募集のためのさらなる活動をより効率的に実施できるようになる。

（3）学部・学科の改組と新設

社会における人材需要の変化は，入学希望者の専攻分野の選択に影響を及ぼす。そのため，時代の変化に応じて学部・学科の改組や新設を行うことは，学生募集の観点からも必要である。実際，過去20年余りの間に，特定の産業や職業における人材養成を狙った専攻分野（○○ビジネスなど），従来型の学問体系とは異なる学際的・複合的な専攻分野（国際・情報・環境・地域など）の名称を冠する学部・学科が急増している。（濱中 2013）。

学部を新設する場合，原則として国（大学設置・学校法人審議会）による設置認可が必要とされているが，2000年代以降の一連の規制緩和によって，既設の学部から専攻分野の種類が変更されない場合に限り，届出のみで新学部への改組転換が可能となったことも，上述の傾向を促したと考えられる。

既設の学部とまったく関連のない専攻分野の学部を新設する場合は設置認可が必要となる。例えば，人文系・家政系のみの女子大学が新たに看護学部を設置する事例などが，こうしたケースに該当する。設置認可の申請に際しては，ここまで述べたEMに類似のプロセスを事前に行うことになる。学部の教育上の理念・目的の設定とそれに沿った教育課程の編成が必要なのはもちろんのこと，新学部設置の必要性を入学志願者や卒業後の就職状況の見込みなど根拠となるデータに基づいて示さなくてはならない。そのためには大学の立地地域近傍の人材需給の状況や高校生の進学志望動向の調査が必要とされよう。

その他に，入学定員の増加に伴う校舎，施設・設備の拡充，十分な資格（学位，研究上の実績など）を有する教員の新規採用なども必要であり，大学の財務状況への影響も試算しなければならない。これら一連の手続きをスムーズに実行するためにも，学部新設の必要の有無にかかわらず，日頃からEMの体制を構築しておくことは有益である。

3.　入学者の選抜

日本の大学では，入学試験の実施方法が，志願者数の動向に影響を及ぼしていることは否めない。「一般入試」以外の多様な入試方法（推薦入試など）の有無，大学入試センター試験の成績の利用の有無，学力検査における必須科目や科目数の設定など，各大学の状況に応じてこれらの方法を適宜組み合わせることにより，「求める学生像」に合致した資質の高い入学者の数を確保することがEMの重要な課題となる。

文部科学省が公表している「国公私立大学入学者選抜実施状況」（2017年度）によれば，同年度の全国の大学入学者のうち，「一般入試」による者が55％，「推薦入試」が35％，「アドミッション・オフィス入試」（AO入試）が9％などとなっている[注]。私立大学に限れば「推薦入試」が41％，「AO入試」が11％を占めており，半数以上が従来型の学力試験以外の方法で入学していることになる。ここでの「一般入試」には，小論文・面接等により，入学志願者の能力・意欲・適性等を多面的・総合的に評価・判定する入試方法も含まれるため，いわゆる学力試験以外による入学者の比率はさらに多いとみられる。

そこで入学者選抜の課題となるのは，入学後の学習に対応できる基礎学力を身に付けていることをいかにして担保するかという点である。意

注）文部科学省の定義では，推薦入試は「出身高校の校長等の推薦に基づき，原則として学力検査を免除し，調査書を主な資料として判定する入試方法」，AO入試は「詳細な書類審査と時間をかけた丁寧な面接等を組み合わせることによって，入学志願者の能力・適性や学習に対する意欲，目的意識等を総合的に判定する入試方法」とされている。

欲はあっても学力が不十分な学生に対しては，入学後に補習教育などの学習支援策を別途，講じる必要がある。

　複数の入試方法を導入する場合，その日程の設定や入学定員の割振りも EM 上の課題となる。他校との併願状況によって合格者の歩留まり率（実際の入学者数）は異なってくるだろうし，一般入試による合格者数の枠の大きさは，受験産業等が公表する合格者の平均偏差値にも影響を及ぼすだろう。なお，「推薦入試」の定員は，入学定員全体の 5 割を超えてはならないことが定められている。

　入学者選抜にかかる EM においては，入試に関する国の政策や方針に大きく影響されることにも留意しなくてはならない。直近の事例としては，定員超過率（充足率）に対する規制の厳格化（私立大学等経常費補助金の減額），「大学入学共通テスト」への移行，英語の民間資格試験の活用の検討などが挙げられよう。入学者選抜の実務にあたっては，政策の変更等をフォローしておく必要がある。

4. 授業料の設定と奨学金

　授業料の設定水準が学生募集に影響することは明らかだろう。優秀な志願者をより多く確保するために授業料を低く設定すれば，収入が減少して大学の財務状況に悪影響を及ぼすことは避けられない。だからといってコスト削減のために教育の質を下げれば，大学に対する社会的評判も低下し，結果的に志願者の減少につながる。一方で，どれほど質の高い教育を提供していようとも，他の大学に比べてあまりに授業料が高ければ志願者数は減少するだろう。

　仮に授業料設定が教育コストに見合うものであったとしても，高価な授業料は経済的に困難な学生の入学を排除する。経済的理由により有能な学生の進学機会が奪われることは，学生本人にとってのみならず，当

該大学にとっても損失である。こうした事態を回避するために授業料の減免や奨学金の給付などの施策が必要とされる。

　経済的に困難な学生でなくとも，優秀な入学志願者に（他大学に比べて）高額な給付奨学金を大学独自に提供することは学生獲得の手段になる。志願者ごとに異なる奨学金額を提示する米国の大学においては，十分な授業料収入を確保しつつ，できる限り資質の高い学生を確保することが，EM の中核的な業務とされていることが知られている（小林 2018）。

　現在までのところ，日本の大学では特に優秀な学生（スポーツ等も含む）に対する授業料減免・大学独自の奨学金の給付は行われているものの，その範囲はかなり限定的である。また，経済的困難な学生に対する同様の制度も拡大しつつあるが，EM の一環というよりは，大学の社会的責任として，教育の機会均等に貢献しているという側面が強い。

　奨学金関係の実務としては，国の奨学金制度である日本学生支援機構奨学金にかかる事務手続きの比重がむしろ大きい。今日，大学生の 3 割以上が同機構の奨学金を利用しており，大学にとっては授業料収入の原資として大きな役割を果たしている。同機構の奨学金制度では学生が行う手続き（書類の提出など）のほぼ全てを大学の担当窓口経由で行うことになっている。また大学は，年度ごとに全ての奨学生について，単位の修得状況や成績等に基づき，学生の態度・行動が奨学生にふさわしいかを判断し，奨学金継続の可否を機構に報告する（「適格認定」という）。奨学金の返還にかかる説明会なども各大学で開催する。在学中に家計の急変，災害などにより経済困難に陥った学生に対しては，奨学金の緊急採用・応急採用の手続きにより，就学継続を支援することも重要である。

5. 入学後の修学支援

（1） 中退防止策としてのエンロールメント・マネジメント

　米国の大学における EM では，学生募集と並んで在学生の就学継続がもう１つの主要な領域とされている。日本と比べて，高校までの学習内容にバラつきが大きく学習面で準備不足の入学者が少なくないこと，入学後の成績管理が厳格であること，他大学への転入学（トランスファー）が一般的であることなどにより，中途退学者数が多いからである。中退者の増加は，在籍学生＝授業料収入の減少を意味するので，大学経営に与える影響は少なくない。それゆえ，中退の発生要因を分析することによって，中退を未然に防ぎ，就学継続を維持すること（リテンション）が EM 上の主要な任務とされたのである。

　これに対して日本の大学における中退率はマクロに見ればそれほど高いわけではない。入学後の EM の役割としては，学習面でのサポートを通じて学生の成長を促す機能がむしろ強調される。実際にどのような支援策が実施されているのか，順次，紹介する。

（2） 学習支援の組織化

　近年の動向として注目されるのは「学習支援センター」等の名称で，学生の学習支援を行う組織を置く大学が増加していることである。各大学の取り組みを見てみると，主に２つの学習支援策を実施しているケースが多い。

　１つは大学での専門科目の学習の前提となる基礎教科（数学・理科・英語など）についての学習支援を行うものである。入学者選抜の項で述べたように，学力試験以外の入試での入学者が増加したこともあり学生の学力のバラつきも大きく，正規の授業科目外での補習的な教育の必要

性が高まっている。もう１つは，大学での勉強のしかた，レポートの書き方，プレゼンの技法など，いわゆるアカデミックスキルの獲得を支援するものである。これらは初年次教育などとして正規の授業科目内で扱う大学も多いが，学生によって学習の進度が異なるため，個別相談の形式での支援も必要とされるのであろう。また，個別相談の特性を生かして，大学での学習全般にかかる悩み相談のような形で学習支援センターが活用されているケースも多い。

　学生自身が自主的・自律的に学習を進められる環境を整備することも重要である。日本の大学生は授業時間以外での学習時間が非常に少ないことが指摘されている（金子　2013）。その要因の一端に，授業の合間や放課後に学生たちが学習できるスペースが不足していること，授業で扱われる教科書や関連図書と図書館の蔵書・配架の連携が取られていないことなどが挙げられよう。ラーニング・コモンズ，教育図書館のような学習スペースを十分に確保するとともに，専任のスタッフを配属するなどにより学生の自主的な学習に対して随時アドバイスができるような体制を構築することも必要である。

（3）キャリア教育・キャリア支援

　卒業生の就職状況は，大学の社会的評判につながる重要なファクターの１つであり，日本の大学では，就職担当部署を中心に学生の就職支援は古くから行われてきた（大島　2012）。教職員の会社訪問を通した就職先の開拓・確保，OB・OGの紹介，学内企業説明会の開催，筆記試験対策，履歴書の書き方指導や模擬面接の実施などがその主な内容である。

　こうした就職活動に対する直接的なサポートに加えて，近年では，入学当初から段階的に学生のキャリア形成を支援することが一般的になり

つつある。大学によって具体の取り組み内容は様々であるが，カウンセラーとの面談を通じた自己理解の促進，働くことと人生・社会との関わりといった勤労観・職業観の涵養，社会人基礎力などとも称される汎用的能力の獲得，インターンシップを通じた実践的な職業実習など，正規の授業科目内での実施も含めて，学生生活全般を通したキャリア形成支援が行われている。

（4）その他の学生支援

学生のダイバーシティ（多様性）を高めるための取り組みも，近年，多くの大学で導入されている。異なる価値観や体験を有する学生たちが交流することを通じて，互いの成長を高め合う教育的な効果が期待されてのことである。外国人留学生への学習・生活支援，自大学の学生の留学サポート（経済的支援を含む），障害のある学生への支援などが該当する。これらの取り組みは支援を必要とする学生にとって有益なだけでなく，グローバル化への対応や多様性を尊重するという大学の態度・価値観を社会に訴えることを通じて，学生募集に対して良い影響を及ぼすといえるだろう。

6. エンロールメント・マネジメントの 実践に向けた課題

ここまで大学における学生募集ならびに各種の修学支援策について，その主な実務内容を紹介するとともに，EM の概念に基づいて，それらが，相互に連携しながら一体的に行われることの重要性について述べた。しかし，どのような修学支援策が必要とされ，また効果を上げるかに関しては，大学の置かれた環境によって大きく異なる。個々の大学の特性と利用可能なリソースに合わせて独自に構築していかなくてはならない。

　EM が学生目線に立った顧客志向の修学支援策の構築であるという考えに基づけば，その実践に際して，入学志願者及び在学生の潜在的ニードや実際の学習行動に関しての情報収集と分析が常時行われていることが必要である。こうした自らの大学にかかる情報収集・分析はインスティテューショナル・リサーチ（IR 活動）と呼ばれている（第 10 章参照）。IR を通じて得られた事実（エビデンス）は大学の質保証だけでなく，学生募集や修学支援策の実践においてもきわめて重要である。エビデンスに基づかない広報活動は，虚偽広告・誇大広告の誹りは免れないし，学生の要望・行動の分析なくして効果的な学生支援は提供できない。

　一方で，個々の学生の成長を促すという観点からは，学生の要望や潜在的ニードに対応するだけでなく，学生自身による主体的な学習行動を引き出す仕組みも必要である。例えば，学生が，自らの学習目標や実際に学習した内容とその到達度等を逐次記録した学習ポートフォリオを導入することによって，入学から卒業までの学びと成長の過程を可視化することなどが挙げられよう。そうした記録に基づいて学生が自己省察を繰り返すことは，自らの主体的な学びを深化させるのはもちろんのこと，個々の学生の成長の記録が組織的に共有されることにより，学生支援に関わる様々な部門間の連携もより効果的なものとなろう。

　このように考えてみると，EM における重要な課題が，教学との関係をいかにして構築するかにあることは明らかだろう。EM 発祥の地である米国においても，EM は入学担当（admission office），経済支援担当（financial aid office）の大学職員によって担われてきたため，今日でも「学生募集」と「経済支援」のみ限定して捉える傾向があるという（田中　2018）。日本においても正課の教育は教員の専権事項とみなされる一方，各種の修学支援策は周辺的な取り組みと位置づけられがちである。しかし，入学から卒業までの「一貫した」修学支援を構築する上で，教

学について直接的な責任を負う教員集団（ファカルティ）と各種の修学
支援策を担当する部門との間の連携は不可欠である。

　事実，本章で取り上げた学習支援センター，キャリア支援センターな
どでは教員が配属されているケースもあるし，初年次教育やキャリア教
育など正規の授業科目の中で，学生支援に類する教育を行う事例も増え
ている。学生募集や学生支援を担当するスタッフの専門性を確立すると
ともに，教員を含めて全学的に組織一体と取り組みの体制を構築するこ
とが，今後，ますます重要となるだろう。

学習課題

1．あなたの所属する大学または関心のある大学を取り上げ，学生の学
　習支援に関わる組織にはどのようなものがあり，どのような体制で運
　営されているかを調べた上で，今後，支援を充実させるためにはどの
　ような課題があるか考察しなさい。
2．オープンキャンパスに参加した学生にアンケート調査を行うことに
　します。あなたの所属する大学または関心のある大学を想定して，ど
　のような設問が必要か，根拠を挙げながら，アンケートを作成しなさ
　い。

参考・引用文献

- 大島真央（2012）『大学就職部にできること』勁草書房
- 金子元久（2013）『大学教育の再構築―学生を成長させる大学へ』玉川大学出版会
- 金明秀（2009）「日本におけるエンロールメント・マネジメントの展開(1)：概念と実践要件の整理」『私学経営』412，21-29 頁
- 小林雅之（2018）「学生の募集戦略」東京大学大学経営・政策コース編『大学経営・政策入門』東信堂，124-146 頁
- 田中正弘（2018）「アメリカにおけるエンロールメント・マネジメント―学生の成長を管理するツールとして」『IDE 現代の高等教育』598，64-68 頁
- 日本中退予防研究所（2012）『教学 IR とエンロールメント・マネジメントの実践』NPO 法人 NEWVERY
- 濱中義隆（2013）「多様化する学生と大学教育」『大衆化する大学―学生の多様化をどうみるか（シリーズ大学 2)』岩波書店，47-74 頁
- リチャード D. ハワード（編）大学評価・学位授与機構 IR 研究会（訳）(2001：2011)『IR 実践ハンドブック－大学の意思決定支援』玉川大学出版会
- Maguire J. 1976 To the organized, go the students Boston College Bridge Magazine 39-1，16-20 頁

14 ｜ 大学の国際化

福留　東土

《**目標＆ポイント**》　グローバリゼーションが大学にもたらすインパクトと大学の国際化の意義について考えた後，世界の大学の国際展開について学ぶ。日本の大学の国際化について，留学生の受入れ，日本人学生の海外送り出し，大学の国際化戦略という 3 つの側面から整理し，今後求められる大学の対応について考える。
《**キーワード**》　グローバリゼーション，ボローニャ・プロセス，海外分校，留学生受入れ政策，グローバル人材，大学の国際化戦略

1．グローバリゼーションと大学

（1）グローバリゼーションとそのインパクト

　現代はグローバリゼーションの時代であり，様々な現象が地球規模で陰に陽に影響を及ぼし合っている。政治や経済に関わる動向はもはや一国の枠組みで考えることは難しく，常に諸外国との関係や国際動向に枠づけられながら人間の新たな行動様式や社会変容が促されている。グローバル化に関係する事象は意識するか否かに関わらず私たちの日常に溢れている。一方で，私たちの日常生活は各国固有の法的枠組みの下で営まれ，国や民族の文化や慣習，伝統に強く枠づけられてもいる。自国の日常で培われた感覚とグローバル化の下で生じている現象は，時としてスムーズに馴染み合うことが難しく，深刻なコンフリクトを生じさせることさえある。グローバル化は慣れ親しんだ文化に対する脅威となり

得るが，他方でそれは将来変化を予兆し，因習を変化させる原動力ともなり得る。また，グローバル化によって新たな機会や利益が生み出されることもある。

（2）グローバリゼーションと大学の国際化

　大学の国際化にも同様のことがいえる。日本の大学は伝統的な国内市場での競争の中で行動しており，多くの大学にとって，そこでの成功が主要な経営課題であるという構造は長年，大きく変わってはいない。他方でグローバル化は新たな機会と課題をもたらしている。留学生という顧客の獲得可能性が広がり，日本人学生の海外送り出しは学生育成の場が自大学のキャンパスを越えて広がることを意味する。これら機会は異文化間交流を促進し，それは大学にとって新たな教育資源となり得る。

　一方，留学生に対しては日本人学生とは異なるケアが必要であり，新たなコストを求める。学生送り出しについても海外機関との関係構築，プログラム策定，現地でのケアなど新たな課題とコストを突き付ける。さらに，こうした機会獲得や課題解決に向けた諸施策自体が新たな市場の形成に繋がり，そこに競争構造が生み出される。そしてこの市場は，国内市場と独立ではなく，時に深く関連し合いながら国内市場へ影響を及ぼす。また，国際化への対応は学内組織の変容を促し，様々な既存の方式に影響を与える。こうした意味で，国際化は従来の国内市場，及び個々の大学の経営に少なからぬインパクトをもたらす。さらには，これら現象を踏まえて策定される，政府による国際化関連の諸施策を巡って，大学の戦略や行動の変容が促されているのが日本の実態である。

　このように，グローバル化は直接・間接に大学の行動変容を促し，大学システム，及び個々の大学にとって重要な意味を持ちつつある。しかし，そこではしばしば大学国際化の真の目的への意識が希薄になりがち

である。国際化の必要性だけが声高に叫ばれると，国際化の目的やそれによるメリットを見据えた合理的な姿勢が失われてしまう。また，グローバル化の影響は重層的な形で大学に及んでおり，時として手段と目的の関係や目指すべき成果を見えにくくする。国際化に向けた活動が何を最終的な目的とし，自大学にとってどのような意義やメリットをもたらし得るのかを認識し，共有することが重要であろう。

　以上のような，日本における大学の国際化を巡る現状と課題を念頭に，以下ではまず世界における大学の国際化に関して，主要地域別に動向をまとめる。続いて，日本の大学の国際化について，主要な政策を中心としながら，留学生の受入れ，日本人学生の育成と海外送り出し，大学の国際化戦略という3点にわたって概説する。

2．世界における大学の国際化

（1）ヨーロッパ：欧州高等教育圏形成へ向けた動き

　グローバル化の進展の中で世界の留学生数は大きく増加している。その中で，21世紀に入る頃から大学の国際化に関わって最も大きな動きとなったのが欧州高等教育圏の形成を目指すボローニャ・プロセスである。欧州では科学技術分野の人物交流協力を推進するエラスムス計画が1980年代以来進められてきた。1999年，当時のEU加盟国15か国を含む欧州29か国の高等教育担当大臣がイタリア・ボローニャに集まり，2010年までに個々の国を越えた高等教育圏を形成することを目指すボローニャ宣言への署名を行った。目標達成へ向けたその後の一連の改革はボローニャ・プロセスと呼ばれ，2018年までに49か国が同宣言への調印を行っている。ボローニャ宣言の目的は主として6つある。

　①欧州高等教育の競争力向上と欧州市民の雇用機会の増加，そのために学位記を補完するディプロマ・サプリメントを発行し，学生の学習内

容を可視化する。②学部－大学院（修士－博士）の３サイクル構造を採用する。第一学位取得を欧州での雇用に有効な資格として位置づけ，学部を最低３年としてその修了を大学院入学要件とする。③学生の大学間移動を保証する欧州単位互換制度（ECTS）を制定する。④教員・学生が域内を自由に行き来できる環境を醸成する。⑤比較可能な評価基準と評価方法を開発し，教育の質保証に向けた協力を推進する。⑥カリキュラム開発と機関間協力を促進し，高等教育におけるヨーロッパ次元の構築を目指す。

　2000 年には，学問分野ごとに学位資格と学修期間，教育方法などの等価性を高めるチューニング・プロジェクトが開始された。また 2008 年には，資格・学位を欧州共通の視点で整理・提示し，労働者・学習者の国際的流動性を高める仕組みである欧州資格枠組み（EQF）が設計された。

　ボローニャ・プロセスへの参加国はほぼ２年おきに会合を持ち，共同声明を採択して同プロセスの進展が図られている。国ごとの事情を反映して，その進展状況は各国で多様であるが，学生移動の推進と比較可能な学位制度の構築を軸として，欧州大学全体の競争力強化を図るために，予算の計上，情報共有，単位・成績評価制度の均質性の確保などに向けた努力が継続されている。

（2）アメリカ：留学生大国の国際展開

　アメリカは最も多くの留学生を惹き付けている国であり，その数は毎年伸び続けている。一方で，アメリカ人学生については，海外への関心の低さ，外国語習得の意欲の低さが指摘される。アメリカでは，留学生は資本と捉えられる傾向が強く，科学技術分野の強化，留学生受入れによる収入増加など，国家の繁栄に繋がる要素と位置づけられている。近

年では中東・アジアでの海外分校の設置や現地大学との提携プログラム設置など，精力的な海外展開を行っている。他国に比して連邦政府による介入が緩く，これらは国家戦略というより個別大学の国際戦略の一環として進められているが，そうした動きを支援する大学団体や財団の存在も大きい。

　また，質保証の面でも国際展開をみせている。例えば，機関レベルのアクレディテーションを行う地域別団体である中部諸州大学基準協会は現在，米国外の13の国・地域で大学の基準認定を行っている。また，ビジネススクールのアクレディテーション団体であるAACSB Internationalはもともと米国内のビジネススクールの基準認定を行う団体であったが，現在では55の国・地域でビジネススクールの基準認定を行っている。日本でも4大学が基準認定を受けている（アクレディテーションについては第10章を参照）。

　さらに，これはアメリカに限った話ではないが，ICT技術の高度化と普及により，オンラインのみで学位を取得できるプログラムが急速に拡大している。実際にはアメリカ国内の受講者が大部分を占めるケースも多いが，時間と場所を選ばないオンラインプログラムの普及は大学教育の国際化にとって重要な手段となる可能性を秘めている。

　他方で，政府による管理の緩いアメリカでは，教育実態のない学位を販売するディグリー・ミルや，そうした産業を正当な教育機関とみせかけるアクレディテーション・ミルが問題となっている。これはアメリカの大学に関する知識の少ない海外ではより深刻な問題となりやすい。こうした問題を含め，各国大学の海外進出に伴い，国境を越えた情報共有や国際的な質保証をいかに整備するかが継続的課題となっている。

（3）アジア：海外大学の呼び込みと域内連携

　アジアでは従来欧米への留学が多く，近年では中国・インド・韓国を中心にその伸び率が著しい。また，アジア各国に欧米の大学が分校を開設したり，現地大学と連携した共同学位プログラムを構築する動きが広がっている。これは英語圏の大学を中心とする国際戦略といえ，アジアは有力な教育市場としてそれらが展開される舞台となっている。とりわけ，オーストラリアのオフショア・プログラムがアジア各国で広がりをみせ，上述の通りアメリカを中心に中東諸国での分校設置が進んでいる。

　日本においても，1980年代，貿易摩擦の解消など政治的要因が絡む形でアメリカの大学進出がブームとなり，約40のアメリカ大学日本校が開設された。当時，これらは日本の法制度の下で正規の大学として認可されず，各種学校としての位置づけしか与えられなかった。そのため多くの日本校は短期間で閉鎖された。2004年になって学校教育法施行規則が改正され，外国の制度において大学の一部と位置づけられる外国大学日本校を指定し，当該外国大学に準じて取扱う制度が設定された。これにより，指定を受けた大学では日本の大学との単位互換や卒業生の大学院進学が可能となり，現在7校がこの対象となっている。

　また，これら海外大学のアジア進出の一方で，欧州の動向に刺激を受けてアジア太平洋地域でも地域連携が進行している。とりわけアジア各国間の留学生数の増加が近年著しい。欧州のエラスムス計画をモデルとし，大学間交流を促進する目的で1991年に設立されたのがUMAP（University Mobility in Asia and the Pacific）である。域内の高等教育機関や政府の代表からなるコンソーシアムとして設立された。35か国が加盟対象国・地域とされ，現在，12か国・地域が正会員として加盟している。交流の状況は国ごとに様々であるが，単位互換の普及や多大学間交流協定の策定，奨学金提供による留学機会拡大など，域内の学生・

教職員の交流促進に向けた努力が積み重ねられている。

3. 日本における留学生の受入れ政策

（1）「留学生 10 万人計画」

　日本の大学の国際化に関わって，政府レベルで最初に打ち出された政策が1983年の「留学生10万人計画」であった。当時の中曽根首相のイニシアティブにより設けられた「21世紀への留学生政策懇談会」による提言において，21世紀初頭までに10万人の留学生受入れを推進するよう提言がなされた。これを受けて，文部省でガイドライン策定や留学生受入れ体制整備に向けた諸施策が進められた。10万人計画の目的は，教育・友好・国際協力であり，留学生受入れは，日本と諸外国相互の教育研究の向上や相互理解の進展に寄与するとともに，開発途上国の人材育成への協力という観点から構想されていた。1990年代にはバブル経済の崩壊や不法滞在者の増加による入国管理政策の厳格化などにより，留学生数は停滞した。計画にあった10万人が達成されたのは2003年であったが，文教政策としての受入れ促進以上に，2000年以降の出入国管理政策の規制緩和による影響が大きく，また主要な送り出し元である中国・韓国での経済発展と私費留学を広く認める制度改正が背景にあった。また，計画達成の過程では，一部大学が，就学意欲の低い留学生を大量に入学させ，不法就労の原因を生み出すという事件が生じ，各教育機関による留学生の受入れ姿勢が問われることとなった。

（2）「留学生 30 万人計画」

　続いて打ち出された留学生受入れ拡大政策が，2008年に策定された「留学生30万人計画」である。国家戦略として政府のイニシアティブが発揮しやすいよう，6つの省が連携し，2020年を目途とする計画として

策定された。優秀な留学生の戦略的獲得を目指し，①日本留学への誘い，②入試・入学・入国の入り口の改善，③大学のグローバル化の推進，④受入れ環境作り，⑤卒業・修了後の社会受入れの推進という留学プロセス，という５つの課題領域に沿って体系化されているのが特徴である。同計画はグローバル戦略の一環と位置づけられ，その趣旨について，「高度人材受入れとも連携させながら，国・地域・分野などに留意しつつ，優秀な留学生を戦略的に獲得」することが打ち出されている。「引き続き，アジアをはじめとした諸外国に対する知的国際貢献等を果たすことにも努めていく」との表現も見られるものの，留学生受入れ政策の重点が，以前の教育，友好，国際協力から高度人材の獲得へと移行しつつあることを示した。

　こうした計画の実現に向けて，文部科学省では 2013 年，「世界の成長を取り込むための外国人留学生の受入れ戦略」と題する報告を公表した。教育研究の向上や国家間の友好関係強化に取り組むことに触れつつも，「諸外国の成長を我が国に取り込み，我が国の更なる発展を図るため，重点地域の設定等の外国人留学生受入れに係る戦略を策定すること」の必要性を明記し，「従来の ODA 的な考え方から脱却し，我が国の更なる発展を目的とした戦略による攻めの留学生受入れに取り組む」とされた。さらに具体的戦略として，留学生受入れが期待できる重点分野，及び日本の発展に寄与し得る重点地域と各地域に対する対応方針が示された。日本学生支援機構によると，2018 年現在で留学生数は 298,980 人に上っており，数的な目標はほぼ達成された。しかし，大学・大学院への就学者以上に専修学校や日本語学校で留学生が増加しており，計画の骨子である高度人材獲得に結び付いているのかどうかについて懸念が示されている。

4. グローバリゼーションに対応した日本人の育成

（1）日本人による海外留学

　日本人による海外留学は，従来，エリート層による個人的・自発的なものとみなされる傾向が強く，一部の留学奨学金や若手研究者支援を除いて，国による送り出しが表立って語られることは多くなかった。しかし近年では，日本人による留学の伸び悩み，アジア各国から欧米への留学生増加に対する危機感が募っており，海外への送り出しが国際化政策の重要な一端に位置づいている。OECD によると，1980 年代後半以降，日本人留学生は一貫して増加していたが，2004 年に約 83,000 人でピークを迎えてから減少に転じ，2014 年には約 55,000 人となり，以降も停滞している。特に，比較的多かった米国への留学者がこの 10 年でほぼ半減している。一方，日本学生支援機構によると，近年でも日本人留学生数は毎年増加している。しかし，最も伸びているのは 1 か月未満の短期留学であり，全体の約 65% を占めている。逆に 6 か月以上の長期留学者は 15% に満たない（2017 年度）。

　こうした状況は国の危機意識を高め，2013 年に閣議決定された「日本再興戦略」では，日本人留学生数を 2010 年の約 6 万人から 2020 年までに 12 万人に倍増する目標が掲げられた。若者の「内向き志向」が指摘される一方，自大学のカリキュラムとの連動や就職活動との接続，経済的負担の軽減など，制度面での対応の必要性も指摘されている。2013 年には文部科学省による留学キャンペーンが立ち上げられ，翌年，官民協働の留学支援制度として「トビタテ！留学 JAPAN 日本代表プログラム」が開始された。2020 年までに約 1 万人の高校生・大学生を海外に派遣することが計画されている。交換留学などアカデミックな留学だけでなく，インターンシップやボランティア，フィールドワークなど多

様な活動が支援対象とされ，グローバルな視点を持った地域人材を育成
するコースが設定されるなど，精力的な送り出しが進められている。

（2）グローバル人材育成

　人材育成については，量の問題だけでなく，グローバル時代にふさわ
しい意欲と能力を備えた人材育成という質の面も合わせて議論がなされ
ている。その中心にあるのが「グローバル人材」の育成である。その主
眼については省庁によりトーンの違いはあるが，以下が共通する定義と
して用いられている。その能力は，①語学力・コミュニケーション能力，
②主体性・積極性，チャレンジ精神，協調性・柔軟性，責任感・使命感，
③異文化に対する理解と日本人としてのアイデンティティという 3 つの
要素から構成される。加えて，幅広い教養と深い専門性，課題発見・解
決能力，チームワークと異質な集団をまとめるリーダーシップ，公共性・
倫理観，メディアリテラシー等が求められる能力として掲げられている。
特に語学力は 5 段階で示され，今後高度な語学力を持った人材を一定数
確保することが強調されている。このように，グローバル人材は幅広い
概念として定義されるが，成果指標として英語力が取り上げられること
が多いことから，その点に偏った理解のされ方が強い。また，例えば経
済産業省では企業が求める人材像の観点から議論が行われており，それ
が大学で育成すべき能力とどこまで合致するのかといった課題を指摘し
得る。

　政府や経済界での議論を受けて 2012 年度から開始されたのが，文部
科学省による「グローバル人材育成推進事業」である。上記定義にある
人材の育成を目指す大学に対して，教育面でのグローバル化を支援する
事業である。「全学推進型」として 11 大学，「特色型」として 31 大学が
採択された。採択大学では，外国語力の向上や海外留学経験者数の増加

といった指標が伸長すると同時に，カリキュラムの体系化，教員の教育力向上などの面でも取り組みが進められた。この事業の公募が行われたのは1回のみであったが，以下で触れる「グローバル30」とともに，2014年度から開始されたスーパーグローバル事業へ繋がっていった。

5. 大学の国際化推進政策

　留学生獲得と日本人の海外送り出しを軸としながら，近年政府の後押しを受けて進められているのが，大学単位での国際化の実現であり，2000年代に入って以降，関連する施策が次々に打ち出されている。先鞭を付けたのは2005年に20大学が選定された「大学国際戦略本部強化事業」である。採択大学が国際戦略本部等の全学組織を整備し，機関レベルの戦略を打ち出しながら，学内各組織を有機的に連携した国際活動を支援し，その中から国際戦略の優れたモデルを開発することが目指された。続いて，2010年から始まったのが国際化拠点整備事業，いわゆる「グローバル30」であり，上述した留学生30万人計画の一環に位置づけられた。質の高い留学生を数多く獲得する方策として採択大学で進められたのが，英語のみで学位を取得できるプログラムの構築である。採択された13大学で累計300ほどの英語学位コース（学部及び大学院）が設けられた。ただし，ほとんどのプログラムは通常の日本語プログラムから孤立した「出島型」であり，科目選択の幅やプログラムの体系性，留学生と日本人学生間の交流に課題を残した。これ以外に，同事業では海外事務所設置による留学生受入れ促進や海外拠点形成，産業界との連携による国際化推進も図られた。2010年には事業仕分けの対象となり，予算の大幅削減や一時は事業廃止が検討されるなど物議を醸した。

　他方で，「大学の世界展開力強化事業」（2011年〜）はより焦点化された国際交流の支援を目指し，毎年特定の国・地域やテーマが掲げられ

て公募が行われている。特定の国・地域と日本の大学との交流・連携により，日本人の海外留学と外国人の戦略的受入れを行う取り組みの支援が行われている。

　以上の各事業と連携しつつ，またそれらの成果を受け継ぐ形で進行している事業が「スーパーグローバル大学創成支援事業」（2014 年度〜）である。2014 年に，国際化に対する政府支援金額はピークに達する。同事業では，大学改革と国際化を断行し，国際通用性・国際競争力の強化に取り組む大学の環境整備支援が目的とされ，「世界大学ランキングトップ 100 を目指す力のある大学」を対象とするトップ型と，「これまでの実績を基に更に先導的試行に挑戦し，我が国社会のグローバル化を牽引する大学」を対象とするグローバル化牽引型で公募が行われ，それぞれ 13 大学，24 大学が採択された。この事業の特徴は，国際化を横串として全学的体制及び学内文化の変革が謳われていることである。成果指標を具体的数値として示すことを求め，それら指標は国際化関連のものだけでなく，ガバナンスや教育改革などの幅広い領域にわたっている。教育研究をはじめとする大学の国際化は国際化に直接関わる事項の改革のみで成り立つものではなく，そのための基盤整備や関連する施策に支えられて達成される。その意味で，成果指標が多岐にわたるものとなるのは必然ではある。ただし，数値目標はその達成のみが目的化する可能性も高い。例えば，クォーター制など柔軟な学事暦の導入は短期留学の促進に有効だが，2013 年頃から主要大学で一気に進んだ学事暦改革においては留学促進施策との関連が十分でないまま，学期短縮のみが目的化して改革が進行した。各目標項目がどのように国際化に繋がるのかを各大学の中で意識化することが重要であろう。

6. おわりに

　大学の国際化を巡る動向はきわめて多岐にわたっており，かつ変化の速度が速い。上で見たように，日本では政府による数々の関連事業が進められているが，それでも急速に進展する他国の国際化からは大きく遅れを取っているのが現実である。留学生の受入れ・送り出しともに，OECD諸国の平均に比して日本は低い水準に留まっている。また，各分野の研究における日本のプレゼンスの低下や国際大学ランキング（第10章参照）での苦戦，その一方でのアジア各国の上昇傾向が指摘されている。

　他国へのキャッチアップを図りつつ，国際化を国内的な文脈にどう整合させるかという困難な課題の中に日本の大学は置かれている。他方で，留学生対応や日本人送り出しには関連する支援業務を地道に遂行することが求められ，特定の個人に依存しない組織的体制の構築がどの大学でも喫緊の課題となっている。だが，逆にいえば，国際化に関連する事項の改善により，大学の大きな発展の余地が残されているといえるのかもしれない。そのためにも，国際化の持つ意義を大学人が認識し，足元を見据えた国際化を進めることが求められている。

学習課題

1．大学の国際化がもたらす効果とは何か。読者各自で思考し，周囲の人たちと意見交換しなさい。
2．特定の国・地域を取り上げて，大学の国際化とそれがもたらす正負の影響について調べなさい。
3．自分の関係する大学の国際化戦略について，現状と課題を整理し，今後目指すべき方向性について考えなさい。

参考・引用文献

- IDE 大学協会（2014）『現代の高等教育　学生の国際交流プログラム』No.558.
- IDE 大学協会（2016）『現代の高等教育　大学グローバル化の現段階』No.581.
- IDE 大学協会（2017）『現代の高等教育　大学国際化のいま』No.596.
- 大西晶子（2016）『キャンパスの国際化と留学生相談』東京大学出版会
- 杉本均編（2014）『トランスナショナル高等教育の国際比較』東信堂
- 塚原修一編（2008）『高等教育市場の国際化』玉川大学出版部
- 横田雅弘・太田浩・新見有紀子編（2018）『海外留学がキャリアと人生に与える インパクト』学文社
- 米澤彰純（2018）「大学の国際化」東京大学大学経営・政策コース編『大学経営・ 政策入門』東信堂，189-208 頁

15 │ 大学と地域・社会連携

小方　直幸

《**目標＆ポイント**》　大学と地域・社会連携を大学開放の流れに位置づければ，その歴史は 19 世紀にまで遡る。現在大学の社会貢献は法的にも明示され，制度・政策だけでなく個別大学レベルで積極的に推進されているが，常に大学の知のありようと密接に結び付く形で批判的・反省的にも論じられてきた。地域・社会連携の歴史と概念を概括し，近年の制度・政策上の展開を整理した上で，その現状・到達点と課題について考える。
《**キーワード**》　大学の社会貢献，産官学連携，地域と大学

1. 地域・社会連携の歴史と概念

　大学の地域・社会連携の淵源をさかのぼれば，大学開放の流れとして位置づけることができる。大学開放は，一部の者に利用が限られていた大学を広く開くという運動の中で発展してきたもので，狭義には教育事業を中心とするが，広義には大学の各種資源を用いた多様な取り組みを含む。歴史的には，19 世紀のイギリスにおける巡回講議を通じた大学拡張がその嚆矢とされ，正規の大学教育とは一線を画して提供される一方，大学の社会的威信を保持する意味でも厳格な教授団の管理下で実施されていた。それをより簡明な形で普及しようとしたのがアメリカのシカゴ大学で，講義・夜間・通信・図書館拡張の 4 部門構成で，正規の大学教育自体の開放を目指すものだった。

　ただし，大学の伝統的機能と大学開放の間には常にコンフリクトが生

じ，その克服には新たな大学理念の創出が必要とされた。それがウィスコンシン理念である。アメリカにおける州立大学の存在価値として，州民のニーズに応える義務があるとして，農業や工業分野の学びの提供と，従来排除されていた労働者層に高等教育の機会を開くことを法的に要求し，パブリック・サービスを基軸とした高等教育機関と州政府との新たな関係の構築を見た。ウィスコンシン理念に基づく大学拡張は，職業教育の導入にとどまらず，趣味や生活改善にまで及び，その形態も含めてきわめて柔軟性と多様性を持つものだった。

　小池（2008）が大学開放の事業カテゴリーとして正課教育の開放，機能的開放，人材提供事業，施設開放，受託・共同研究の 5 種類を挙げているように，現在の大学の地域・社会連携は教育だけでなく研究，また施設利用やさらには人的資源の活用まで，多様な領域を含む。そのため，大学，地域双方にとっての意義も，大学の知的資源の活用，若年者の活用，それらを通じた活性化，地域を介した人材育成，教育研究の実践・応用の場，教育研究へのフィードバック等，多面的である。近年では，科学技術に対する公衆・市民の関与の促進を企図するパブリック・エンゲージメントや，大学の地域における諸資源をめぐる相互交流を目指すコミュニティ・エンゲージメントと呼ばれる動きも出てきている。

2. 制度・政策上の位置づけと変遷

（1）法制上の展開

　わが国においても，大学草創期にあたる明治時代に東京大学や早稲田大学において大学開放事業が行われていた（菅原　2017）が，以下では近年の制度・政策的展開を概観する。2006 年の教育基本法改正で，第 7条に「大学は，学術の中心として，高い教養と専門的能力を培うとともに，深く真理を探究して新たな知見を創造し，これらの成果を広く社会に提

供することにより，社会の発展に寄与するものとする」と明記された。

　大学の機能には以前から教育・研究・サービスの3つがあるとされてきたし，大学が積極的に社会貢献を行う開かれた教育機関となる重要性は，1998年の中教審答申「21世紀の大学像と今後の改革について」で教育研究面での産学連携の推進が謳われ，また2005年の同答申「我が国の高等教育の将来像」でも，教育・研究機能の拡張（extension）としての大学開放の一層の推進の重要性が指摘されてきた。ただし，従来は大学の自主的な努力事項であり，この法改正により大学の社会貢献（サービス）機能が制度的に明示されることとなった。

　旧学校教育法では第83条で「大学は，学術の中心として，広く知識を授けるとともに，深く専門の学芸を教授研究し，知的，道徳的及び応用的能力を展開させることを目的とする」と規定していたが，教育基本法の改正を受けて，第2項として「大学は，その目的を実現するための教育研究を行い，その成果を広く社会に提供することにより，社会の発展に寄与するものとする」が2007年に追加された。

　加えて同第105条として「大学は，文部科学大臣の定めるところにより，当該大学の学生以外の者を対象とした特別の課程を編成し，これを修了した者に対し，修了の事実を証する証明書を交付することができる」が追加された。従来から大学は科目等履修生制度や公開講座等を実施してきたが，社会貢献をさらに促進するため，社会人等の学生以外の者を対象とした学習プログラム（履修証明プログラム）を開設し，その修了者に法に基づく履修証明書（Certificate）を交付できることとなった。文部科学省の「大学における教育内容等の改革状況調査」によれば，2015年には15%の大学が開設し，3,000名弱に証明書を交付している。

（2）補助金事業による促進

　大学の地域・社会連携を促進するために昨今，補助金事業政策も矢継ぎ早に導入されている。2013 年には地（知）の拠点整備事業（COC）補助金事業が始まった。これは，大学等が自治体と組織的・実践的に連携し，全学的に地域を志向した教育・研究・地域貢献を進める大学を支援することで，地域再生・活性化の核となる大学の形成を目指すことを目的とする，大学の機能強化を図る事業で，2 年間で大学からは 500 弱の申請があり，75 件が採択されている。

　この後継として 2015 年に始まった地（知）の拠点大学による地方創生推進事業（COC+）は，大学が地方公共団体や企業等と協働して，学生にとって魅力あるある就職先の創出をするとともに，その地域が求める人材を養成するために必要なカリキュラム改革を断行する大学の取り組みを支援することで，地方創生の中心となる「ひと」の地方への集積を目的とする事業で，56 件の応募があり 42 件が選定されている。

　この他にも，大学院と産業界等が協働し，社会人のキャリアアップに必要な高度かつ専門的な知識・技術・技能を身につけるための大学院プログラムの構築・普及を目指す取り組みとして 2014 年に「高度人材養成のための社会人学び直し大学院プログラム」が，また 2015 年には職業実践力育成プログラム（BP）を創設し，社会人や企業等のニーズに応じたプログラムの増加・理解促進が図られている。

　なお，現在の大学と地域・社会の関係強化をめぐる議論は，高等教育政策の内部に留まるものではない。第 2 次安倍政権が掲げる，東京一極集中を是正し，地方の人口減少に歯止めをかけ，日本全体の活力を上げることを目的とした一連の地方創生政策としても埋め込まれ，他の政策と連動して推進されている。その論拠や可否は別として，2018 年に可決・成立した東京 23 区の大学の定員増を抑制することを盛り込んだ「地域

における大学の振興及び若者の雇用機会の創出による若者の修学及び就業の促進に関する法律」はその一例である。

3. 産学連携

（1）タブー視から促進へ

　産学連携は，戦前における大学の軍事技術への関与への反省もあり戦後しばらくは，タブー視ないし消極的な対応がなされてきた。個々の研究者・企業の間で実施され，受託研究や小規模の奨学寄付金を通じて行われる程度であり，どちらかといえば産業からの要請があればそれに大学が応えるというのが中心だった。だが大学には，研究成果の社会的還元や社会的な存在理由の提示が従来以上に求められ，また企業も自前の研究だけに基づいて技術革新を展開することが困難となり，産学がより対等な立場で，そして企業と大学が組織として相互交流する方向する形へと展開してきた。

　1982年の臨教審基本答申は「産官学の連携強化」を提言し，これを受けて共同研究の制度整備や受託研究のルールの明示等が行われた。続く1986年には研究交流促進法が制定され，人材交流や共同研究の一層の促進が目指された。1996年の第1期科学技術基本計画を受け，大学の研究成果の民間移転・民間活用の促進を目指した，技術移転機関（TLO）の設立を支援する「大学等技術移転促進法」が1998年に，翌99年にはアメリカのバイ・ドール法を倣って「産業活力再生特別措置法」（「産業競争力強化法」施行に伴い，のちに廃止），2000年には「産業技術力強化法」が相次いで制定され，産学連携の法律及び予算面での整備・促進が行われてきた。後述するがその後，共同研究等も盛んになり，産学連携は技術移転や特許化の推進を視野に入れた新たなフェーズを迎えている。

　TLO は，大学の研究者の研究成果を特許化し，それを企業へ技術移転する法人で，産学の仲介役となる組織である。同法に基づき 2017 年現在，各大学で技術移転機関として 35 機関が承認されている。アメリカでは 1980 年代にバイ・ドール法等の法整備が行われ，大学からの技術移転やベンチャー起業等の産学連携が活性化したといわれる。文部科学省の「大学等における産学連携等実施状況」によると，リーマンショックの影響で一時期停滞したものの，ここ 15 年程度，共同研究，受託研究共にほぼ一貫して件数，額とも増加傾向にある（図 15 - 1）。

　人材育成面での産学連携も実施されており，例えば在学中に学生自身の専攻や将来のキャリアに関連した就業体験を行うインターンシップが該当する。文部科学省が「大学等におけるインターンシップ状況調査」を開始した 1996 年の実施校は 18％であったが，2015 年には 93％の大学

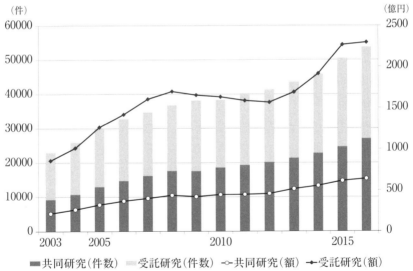

図 15 - 1　共同研究・受託研究の件数と金額の推移

が実施しており，延べ58万人，21％の学生が参加するようになっている（学部・大学院を含む）。

（2）産学連携の拡大に伴う課題への対処と軍事研究

　産学連携の拡充・進展に伴い利益相反等が問題化し，大学はその対応に迫られている。真理探究を行う大学と営利を目的とした企業等では，その目的が異なるため，大学の教職員が企業等との関係で得る利益と，大学における教職員の責任とが相反する状況が起こり得るからである。これが利益相反である。一般に利益相反は広義と狭義に分かれ，後者は個人における利益相反（教職員個人が得る利益と教職員個人の大学における責任との相反）と組織における利益相反（大学組織が得る利益と大学組織の社会的責任との相反）を指し，前者はこれに責務相反（教職員が主に兼業活動により企業等に職務遂行責任を負っており，大学での職務遂行責任と企業等に対する職務遂行責任が両立しない状態）を含む。現在では，多くの大学で利益相反ポリシーを策定するようになっている。なお利益相反は法令違反とは異なる概念である。

　産学連携と関わって，軍事研究についても言及しておきたい。2015年に防衛装備庁が設けた大学等に研究資金を出す安全保障技術研究推進制度をめぐり，大きな議論が巻き起こった。日本学術会議は，科学者の戦争協力への反省から，1950年，67年の過去2度にわたって，軍事目的の研究を行わない声明を決議してきた経緯があり，大学も軍事研究とは距離をおいてきた。同会議は，過去の声明の見直しの検討を進め，2017年に声明を出し，軍事目的の研究を行わない従来の姿勢を踏襲する方針を決めた。

　科学技術にはデュアル・ユースつまり軍事利用と民間利用の双方が可能なものがある。日本学術会議は2013年に科学者の行動規範を改訂し，

デュアル・ユースに関して「科学者は悪用される可能性を認識し，社会に許容される適切な手段と方法で研究実施と成果公表を行う」という項目を追加している。科学の成果は，結果として善にも悪にも用いることができるため，科学者は特別な責任を負っている。そうした科学の性格ゆえに，それを扱う科学者が特別の責務を負うことは，古くは 1948 年の世界科学労働者連盟が採択した科学者憲章にも記されている。このように産学連携は，科学者の倫理や責任とも関連する事項である。

4. 地域・社会連携の取り組み状況と実施組織

（1）取り組みと連携の状況

　文部科学省の「開かれた大学づくりに関する調査研究」（以下も特に断りのない限り同調査による）によれば，2017 年時点で公開講座の実施が最も多く（97%）以下，教員の外部派遣（92%），社会人入学者受入れ（88%），学生の地域貢献活動の推進（85%），施設等の開放と続く（表 15 - 1）。この 5 年の間に，もともと実施率の高かった公開講座に加え，他の取り組みも着実に実施率が高まっている。なお公開講座については，開設大学数は 1990 年代に大幅に増えてほぼすべての大学が実施するようになっているが，講座開設数でみると，1992 年の 3,933 講座から 2014 年の 31,290 講座へ，受講者数でみても 51 万人から 139 万人へと，大幅に拡大している。

　続いて連携の状況をみると，2017 年時点で自治体との連携が最も多く（地域内 86%，地域外 58%），続いて他の大学等の教育機関（地域内 46%，地域外 38%），企業（地域内 40%，地域外 31%）となっている（表 15 - 2）。地域内の連携割合がいずれも高いものの，この 5 年間の変化としては地域外連携の伸びが大きい。大学によって地域の捉え方は異なるであろうが，所在地域を越えて大学と地域の連携は拡充している。

表 15 - 1　取り組みの内容（抜粋）

（％）

	公開講座	教員の 外部派遣	社会人 入学受入れ	学生の地域 貢献活動	施設等の 開放
2012	93.1	83.0	80.7	70.3	61.2
2013	95.9	89.2	84.0	78.0	66.8
2014	95.8	89.7	85.3	80.8	68.5
2015	95.9	90.1	84.6	82.8	69.6
2017	97.1	91.8	87.5	85.2	65.5

表 15 - 2　連携先（抜粋）

（％）

	自治体		他の大学等		企業	
	地域内	地域外	地域内	地域外	地域内	地域外
2012	84.4	44.8	42.3	30.7	28.6	21.9
2013	82.6	46.8	40.3	31.0	29.1	24.8
2014	83.8	52.7	41.1	34.2	33.8	26.5
2015	74.7	48.1	36.9	32.5	30.1	24.7
2017	86.3	57.9	45.5	37.5	40.2	31.0

　こうした地域・社会との連携の広がりの背景には，研究面での連携に加えて教育面での連携の多様化・拡充がある。先述したインターンシップに加えて，地域のニーズを踏まえた社会奉仕活動等の体験を通じて，知識としての学びをサービスの体験で活かし，逆にサービスの体験を学問的学びや将来のキャリアにも繋げ，市民性の育成も企図した教育活動であるサービス・ラーニングの取り組みも広がりをみせている。

（2）実施組織とその変遷

　大学の地域・社会連携が個々の教員や学部・大学院の枠を超えて組織的に実践され，かつその取り組みも多様化そして拡充するにつれ，それを実施するための専門機関や組織も必要となってくる。2017 年時点で77％の大学が何らかの専門機関・組織を有していると回答し，公開講座，地域連携，産学連携に関する専門機関・組織の設置はそれぞれ，70％，77％，63％である。設置者別の相違は，公開講座では見られないが，地域連携は公立→国立→私立の順，産学連携は国立→公立→私立の順に多くなっている。なお，規模等によって独立した組織の設置が困難な大学もあり，上記は設置者特性をある程度反映しているものの，組織の設置が活動の質・量の充実を必ずしも示すものではない点には留意がいる。

　加えて，地域・社会連携に取り組む組織自体の改組転換も進んでいる。以下は国立大学のケースであるが，1973 年の東北大学大学教育開放センターを嚆矢として多くの生涯学習系センターが設立され機能してきた。しかし，2010 年前後から地域連携や地域貢献を冠した組織へと改組が進み，高等教育開発部門との統合や産官学連携部門との統合等が起こっている。もっとも，学内のセンター系の組織の改組・転換は，機能の変化・拡充や取り組みの充実という意味合いはもちろんあるが，財務的な事情による統合再編もあり，名称のみに基づく解釈には限界もある。

5. 地域・社会連携と大学のマネジメント

（1）少なくないマネジメント上の課題

　先述した「開かれた大学づくりに関する調査研究」によれば，地域連携についての課題は，「大学側の人手・人材が不足」が82％と最も多い。加えて，「連携の意義が学内に浸透していない」（39％），「連携のための予算が確保できない」（40％）も課題に挙げられている。目的・意義の

浸透と同時に，人材・予算面の課題も大きいのであって，その両面において，地域・社会連携は大学のマネジメントと大きな接点を持つ。

　地域・社会連携を専門に所掌する組織や機関の設置は進んでいるが，その中核的な機能はあくまで大学資源と地域・社会との橋渡しや仲介である。その役割は，地域・社会連携の質・量の充実に不可欠であるものの，実質的な最終的担い手は，教職員や学生である。大学教授職の国際比較調査によれば，日本の大学教員は研究志向が教育志向よりも強く，しかも年齢によって志向の多様化が見られず，ほぼ一貫している（小方2018）。また小池（前掲）は，大学教員の生きがいとして，教育，研究活動に比して大学開放に対する肯定感の低さを指摘すると同時に，大学開放事業は教育活動とは正の相関にあるものの，研究活動とは疎遠な関係にあると指摘している。

（2）適正な地域・社会連携を目指して

　以上を踏まえるなら，実情としての地域・社会連携，広い意味での大学開放は，教育と研究と並ぶ第3の機能と呼び得るに至っているとはいい難い。その行方は，政策・制度面や補助金による誘導，そして大学としての位置づけに加えて，大学教員の意識・行動面に多くを依存しており，そのため大学経営上は優れて人事的な課題でもある。他方で大学の地域・社会連携は，大学の機能として法的に明記された以上に，個別大学の経営を左右する重要な要素になりつつある。大学の厳しい財務状況を補う意味合いもあれば，それによって多様なファンディングが実現できれば，むしろ大学の自治や自由の強化に繋がり得るともいえる。また実践の文脈に関わった教育や研究を通じて，卒業生の雇用可能性の拡充や基礎研究とは異なる応用研究の発展可能性もまた有している。

　しかしながら，教育・研究の基盤を十分に踏まえない地域・社会連携

は，社会批判の砦でもある大学の足腰を脆弱にする危険性もまた孕んでいる。すべての学問が地域と直接連携するものではないし，実学的なものばかりでもなく，地域・社会連携の過度のそして一律の要求は軋轢もまた生みやすい。そのバランスをいかに保つかも含め，個別大学が自己の大学の使命に照らして地域・社会連携をどう位置づけ，有限の資源をどうそれに振り分け実践として結実させ，未来を担う大学の資源へとフィードバック・連結させていくかが問われている。

　最後に，地域というのは，学生募集上すなわち大学経営上の重要な要素でもある。当該地域から学生を受入れ，育て，再び地域に雇用してもらうという一連のサイクルの構築は，人口減少が進み雇用の規模・多様性にも限りのある地方に立地する大学にとって喫緊の課題である。大学の存在・存続そのものが地域・社会連携とほぼ同義に近い状況も到来しており，大学の地域・社会連携というテーマの射程は広くそして深い。

学習課題

1．大学，政府，地域社会にとって大学の地域・社会連携を推進する意義は何か，三者間の異同も考慮しながら述べなさい。
2．あなたの所属する大学では，どの部局・組織においてどのような地域・社会連携が行われているか，全体像を把握して整理しなさい。
3．大学には教育，研究，社会貢献の 3 機能があるといわれていますが，この三者の関係をどのように考えるか，具体的に述べなさい。

参考・引用文献

- D. ボック／宮田由起夫訳（2004）『商業化する大学』玉川大学出版部
- 五島敦子（2008）『アメリカの大学開放—ウィスコンシン大学拡張部の生成と展開』学術出版会
- 稲永由紀（2006）「大学と地域社会に関する研究動向と課題」『大学論集』36, 297-313 頁
- 小池源吾（2008）「大学と社会貢献」『大学と社会』放送大学教育振興会, 180-190 頁
- 小方直幸（2018）「若手大学教員と日本の大学教授職」『IDE』603, 4 - 8 頁
- 菅原慶子（2017）「日本の大学草創期における University Extension の展開に関する考察」『大学経営政策研究』7, 51-67 頁
- S. スローター, G. ローズ（成定薫監訳）（2012）『アカデミックキャピタリズムとニュー・エコノミー—市場, 国家, 高等教育』法政大学出版局

索 引

●配列は五十音順

分担執筆者紹介

（執筆の章順）

福留　東土（ふくどめ・ひでと）

・執筆章→　2，10，11，14

福岡県生まれ
1997年　東京大学経済学部卒業
2002年　日本学術振興会特別研究員
2003年　広島大学大学院社会科学研究科比較高等教育研究コース修了　博士（学術）
2004年　一橋大学大学教育研究開発センター専任講師
2008年　広島大学高等教育研究開発センター准教授
2013年　東京大学大学院教育学研究科准教授
2019年〜現在　東京大学大学院教育学研究科教授
専門領域：　比較大学論，大学史研究
主な著書　『専門職教育の国際比較研究』（編著・広島大学高等教育研究開発センター高等教育研究叢書141，2018年）
　　　　　『大学経営・政策入門』（分担執筆・東信堂，2018年）
　　　　　『カリフォルニア大学バークレー校の経営と教育』（編著・広島大学高等教育研究開発センター高等教育研究叢書149，2019年）など

両角　亜希子（もろずみ・あきこ）
・執筆章→ 5，6，7，9

愛知県生まれ
1997年　　慶應義塾大学環境情報学部卒業
2003年　　東京大学大学院教育学研究科単位取得満期退学
　　　　　（2007年　博士（教育学）取得）
2003年　　産業技術総合研究所技術と社会研究センター特別研究員
2004年　　東京大学大学総合教育研究センター　助手
2007年　　東京大学大学総合教育研究センター　助教
2008年　　東京大学大学院教育学研究科講師
2013年　　東京大学大学院教育学研究科准教授
2021年〜現在　東京大学大学院教育学研究科教授
専門領域：　　高等教育論，とくに大学経営論
主な著書　　『日本の大学経営 − 自律的・協働的改革をめざして』
　　　　　（単著・東信堂，2020年）
　　　　　『学長リーダーシップの条件』（編著・東信堂，2019年）
　　　　　『私立大学の経営と拡大・再編 − 1980年代後半以降の動態』
　　　　　（単著・東信堂，2010年）　など

戸村　理 （とむら・おさむ）

・執筆章→ 8

千葉県生まれ
2007年　神戸大学発達科学部卒業
2009年　一般社団法人国立大学協会特別研究員
2012年　日本学術振興会特別研究員（DC2）
2014年　東京大学大学院教育学研究科博士課程修了，博士（教育学）
2014年　政策研究大学院大学ポストドクトラルフェロー
2015年　國學院大學教育開発推進機構助教
2018年　國學院大學教育開発推進機構准教授
2020年〜現在　東北大学高度教養教育・学生支援機構准教授
専攻：　教育学・教育社会学，高等教育論，大学経営史
主な著書・論文：『戦前期早稲田・慶應の経営−近代日本私立高等教育
　　　　　　　機関における教育と財務の相克』（単著・ミネルヴァ
　　　　　　　書房，2017）
　　　　　　　「大学組織研究のレビューと展望−関連諸学との対
　　　　　　　話から」『教育社会学研究』第104集（東洋館出版社，
　　　　　　　2019）

福井　文威 (ふくい・ふみたけ)

・執筆章→ 12

神奈川県生まれ

2008年	慶應義塾大学総合政策学部卒業
2012年	日本学術振興会特別研究員DC
2014年	東京大学大学院教育学研究科博士課程修了，博士（教育学）
2014年	政策研究大学院大学ポストドクトラルフェロー
2016年	政策研究大学院大学科学技術イノベーション政策研究センター（SciREXセンター）助教授
2018年	Columbia University Teachers College フルブライト研究員
2021年	内閣府科学技術政策フェロー
2018年〜現在	鎌倉女子大学学術研究所准教授

専門領域：高等教育政策，アメリカ大学史

主な著書・論文　『米国高等教育の拡大する個人寄付』（単著・東信堂，2018年：第17回日本NPO学会賞優秀賞，第8回日本教育社会学会奨励賞）

"Research Universities: Science, Technology, and Innovation Policy." In *Handbook of Higher Education in Japan* edited by Paul Snowden, 275-89. MHM Limited, 2021.

"Do government appropriations and tax policies impact donations to public research universities in Japan and the USA?." *Higher Education* 81.2 (2021): 325-344. など

濱中　義隆（はまなか　よしたか）

・執筆章→ 13

東京都生まれ
1994年　東京大学教育学部卒業
1997年　東京大学大学院教育学研究科修士課程 修了
1998年　東京大学大学院教育学研究科博士後期課程 退学
1999年　学位授与機構 審査研究部 助手
2002年　大学評価・学位授与機構 学位審査研究部 助教授
2013年　国立教育政策研究所 高等教育研究部 総括研究官
2018年〜現在　国立教育政策研究所 高等教育研究部 副部長・総括
　　　　　研究官
専攻：　高等教育論，教育社会学
主な著書　『大卒就職の社会学 – データからみる変化』（共著・東京
　　　　　大学出版会，2010年）
　　　　　『大衆化する大学 – 学生の多様化をどうみるか』（共著・
　　　　　岩波書店，2013年）
　　　　　『高専教育の発見 – 学歴社会から学習歴社会へ』（共編著・
　　　　　岩波書店，2018年）など

編著者紹介

小方　直幸（おがた・なおゆき）

・執筆章→1，3，4，15

山口県生まれ

1991年　広島大学教育学部卒業

1997年　広島大学大学院社会科学研究科博士課程修了　博士（学術）

1999年～2010年　広島大学高等教育研究開発センター　講師，助教
　　　　　　　　授，准教授，教授

2010年～2019年　東京大学大学院教育学研究科
　　　　　　　　准教授，教授

2019年～現在　香川大学教育学部　准教授を経て教授

専攻：　高等教育論

主な著書　『大学と社会』（共著・放送大学教育振興会，2008年）
　　　　　『大学から社会へ』（玉川大学出版部，2011年）
　　　　　『大学経営・政策入門』（共著・東信堂，2018年）

放送大学教材　1548581-1-2011（ラジオ）

新訂　大学マネジメント論

| 発　行 | 2020 年 3 月 20 日　第 1 刷 |
| | 2022 年 7 月 20 日　第 2 刷 |

編著者　　小方直幸

発行所　　一般財団法人　放送大学教育振興会
　　　　　〒 105-0001　東京都港区虎ノ門 1-14-1　郵政福祉琴平ビル
　　　　　電話　03（3502）2750

Printed in Japan　ISBN978-4-595-32207-5　C1334